LUA DE MEL EM KOBANE

PATRÍCIA CAMPOS MELLO

Lua de mel em Kobane

Copyright © 2017 by Patrícia Campos Mello

Grafia atualizada segundo o Acordo Ortográfico da Língua Portuguesa de 1990, que entrou em vigor no Brasil em 2009.

Capa e caderno de fotos
Claudia Espínola de Carvalho

Fotos de capa
Fabio Braga/ Folhapress

Preparação
Joaquim Toledo Jr.

Índice remissivo
Luciano Marchiori

Revisão
Isabel Cury
Carmen T. S. Costa

Dados Internacionais de Catalogação na Publicação (CIP)
(Câmara Brasileira do Livro, SP, Brasil)

Mello, Patrícia Campos
    Lua de mel em Kobane / Patrícia Campos Mello. — 1ª ed. — São Paulo : Companhia das Letras, 2017.

ISBN 978-85-359-3018-4

    1. Guerra civil 2. Kobane (Síria) 3. Refugiados – Kobane – Síria 4. Relatos 5. Sobreviventes – Kobane – Síria – História I. Título.

17-09223   CDD-956.9054

Índice para catálogo sistemático:
1. Kobane : Síria : Guerra civil : Relatos 956.9054

[2017]
Todos os direitos desta edição reservados à
EDITORA SCHWARCZ S.A.
Rua Bandeira Paulista, 702, cj. 32
04532-002 — São Paulo — SP
Telefone: (11) 3707-3500
www.companhiadasletras.com.br
www.blogdacompanhia.com.br
facebook.com/companhiadasletras
instagram.com/companhiadasletras
twitter.com/cialetras

Para minha mãe, Regina, meu filho, Manuel, e meu pai, Hélio — minha razão de viver

Para Raushan e Barzan, os donos desta história

Sumário

"Não é exatamente a lua de mel que eu sonhava".................... 9
Euforia de primavera 15
A foto que me levou à Síria... 26
Barzan e Raushan.. 38
Os curdos.. 49
Um país para um povo 62
Estou começando a me apaixonar... 67
A eclosão do Estado Islâmico 78
Vida no cerco... 98
Junho de 2015... 121
Esperança feminista 131
Alan Kurdi 138
Reencontro 147
Epílogo.. 152

Notas 157
Glossário... 161

Cronologia 173
Créditos das imagens 183
Índice remissivo 185

"Não é exatamente a lua de mel que eu sonhava"

O motorista pediu ajuda para colocar os cadáveres no carro. Eram sete sacos azuis. "Rápido, rápido", dizia. "Não quero ficar aqui muito tempo." Ao longe, era possível escutar as explosões de morteiros. Ele não estava no melhor dos humores. Tinha vindo de Suruç, no sudoeste da Turquia, buscar corpos de soldados sírios mortos pelos extremistas do Estado Islâmico (EI) em Kobane, na Síria. Enterrá-los em solo turco era mais seguro.

Raushan nunca tinha encostado em um cadáver. Ela ajudou Barzan a levantar um saco. Era pesado, mas não tinha cheiro nem nada que lembrasse a morte. Foi estranho.

Raushan e Barzan tinham pegado carona no carro funerário. Naquele momento, só ambulâncias e rabecões ousavam chegar perto da fronteira da Síria. Ela se espremeu com o marido no banco do passageiro do carro preto. Ficou encolhida, fazia muito frio.

Barzan ia papeando com o motorista. Era incrível como ele fazia amizade com qualquer pessoa, nas circunstâncias mais bizarras.

Raushan usava um casaco cinza-claro acolchoado e calça jeans. Magra, cabelos pretos e de pele muito branca, tinha olheiras profundas em torno dos olhos esverdeados. Fumava cigarros Gauloises fininhos, um atrás do outro. Sua beleza frágil contrastava com a personalidade decidida que levou Barzan a apelidá-la de "minha ditadora". Conheceram-se pela internet, e haviam se casado poucos dias antes na Turquia.

No posto de controle de fronteira, Raushan foi apresentada a seu cunhado. "Você é a maluca que se casou com Barzan e que vai com ele para Kobane?", perguntou Öcalan, com um sorriso um pouco tenso. Öcalan era um dos comandantes locais da YPG (na pronúncia curda, *iá-pê-guê*), as Unidades de Proteção Popular que combatiam o EI no Curdistão sírio.

Ao redor do posto de controle, sentadas no chão em meio a malas e sacos repletos de roupas e objetos pessoais, vacas e ovelhas, centenas de crianças, adultos e idosos esperavam uma chance de entrar na Turquia, resignados à perspectiva de morar em um dos campos de refugiados superlotados. Mais de 90% dos moradores da região de Kobane haviam fugido desde o início do avanço do EI. O governo turco abria a fronteira a conta-gotas, temendo ver seu território inundado de refugiados.

Os militantes do EI haviam ocupado a parte leste de Kobane. De dia, era possível ver da fronteira as colunas de fumaça das muitas bombas do EI. No topo de um prédio de quatro andares, o EI tinha plantado sua bandeira negra. "Não há outro deus além de Alá; Maomé é o mensageiro de Deus", dizia a inscrição. Outra bandeira tremulava ameaçadora no monte Mistanour.

Nas cidades conquistadas no percurso até Kobane, os extremistas haviam deixado seu habitual rastro de atrocidades. Öcalan calculava que pelo menos dezessete civis haviam sido executados nos últimos dias, entre eles dois meninos. Normalmente eram mortos com tiros na nuca, mas quatro haviam sido decapitados.

Um dos refugiados contou que combatentes do EI espetaram cabeças humanas em uma cerca em sua cidade. Staffan de Mistura, o enviado especial da ONU para a Síria, alertara para a iminência de uma carnificina em Kobane. "Civis que continuam encurralados dentro de Kobane serão massacrados se a comunidade internacional deixar a cidade sucumbir ao EI." Segundo ele, outras 12 mil pessoas estavam ameaçadas. "Existe lei humanitária. Existe Srebrenica", disse, invocando o massacre de mais de 8 mil bósnios muçulmanos durante a guerra civil iugoslava, em 1995. "Existem imagens que não queremos e não podemos ver, de pessoas decapitadas, de defensores e civis."[1]

Öcalan abraçou Barzan e o beijou na bochecha, como fazem os homens sírios quando reencontram alguém querido. Os dois irmãos não se viam fazia meses, desde que Barzan partira para a Turquia. "Não é seguro. A situação está muito complicada", falou. Barzan assentiu e se limitou a dizer: "Eu sei. Mas você sabe que eu tinha que vir".

Öcalan ficou sério e passou as instruções ao casal. "Daqui para a frente nós vamos andar o mais rápido possível, direto para a base da YPG. Não se esqueçam que está cheio de franco-atiradores do Daesh", disse Öcalan, usando a abreviação em árabe para o EI.

Os três olharam para a frente, analisando a situação. Eram onze horas do dia 17 de outubro de 2014, uma noite sem lua e sem estrelas. A escuridão era total. A única coisa que dava para enxergar eram aqueles tracinhos vermelhos que as balas deixam no ar. Barzan ficou chocado ao ver sua cidade mergulhada no breu. Tomaram fôlego e começaram a correr. Raushan levava uma mochila com três mudas de roupa. Barzan levava outra mochila, os laptops e as câmeras. O plano era voltar para a Turquia em uma ou duas semanas, quando tudo se acalmasse, para buscar o resto das coisas. Então levariam tudo para a casa em Kobane em que iam morar.

Raushan só ouvia sua respiração ofegante. De vez em quando escutava alguma coisa explodir em algum lugar. Ainda não sabia identificar as armas pelo barulho. Ia tropeçando nos buracos e nos destroços que as explosões de morteiros haviam deixado, rezando para não enfiar o pé em uma mina terrestre. Naquela escuridão total, a caminhada parecia interminável.

"Merda! O que eu estou fazendo aqui?", pensava a cada passo. Menos de três meses antes, Raushan vivia refugiada na Rússia, dividindo um apartamento minúsculo com a sua avó. Mas desde que conhecera Barzan sua vida virara de ponta-cabeça.

Os soldados da YPG os acompanhavam. Ninguém falava a não ser por sussurros; celulares e lanternas estavam desligados. Era muito arriscado. O salto de madeira do sapato de Raushan fazia "tac-tac-tac" em meio ao silêncio. "Que ideia, calçar esses sapatos justamente hoje... são de salto alto?", brincou Barzan. "Salto alto? Óbvio que não, Barzan." "Esses sapatos barulhentos vão nos transformar em alvo fácil", disse Öcalan. "Você precisa de sapatos novos."

Dizer que Barzan e Raushan estavam no contrafluxo é um eufemismo. Mais de 150 mil pessoas haviam fugido da região de Kobane desde 15 de setembro de 2014, quando os combatentes do EI começaram a cercar as cidades próximas. O último jornalista estrangeiro deixou a região no dia 4 de outubro. Ficaram apenas soldados e uns poucos civis renitentes que se recusaram a deixar tudo para fugir para os campos de refugiados na Turquia. E chegavam alguns curdos que vinham ajudar na resistência.

Aquela noite era particularmente perigosa. Militantes do EI tinham se infiltrado na parte de Kobane que ainda estava sob controle curdo. Os comandantes decretaram toque de recolher.

"Onde é o front?", perguntou Barzan para Öcalan, enquanto os três andavam rápido em direção à base.

"Logo depois deste buraco."

Estavam a poucos metros do front, embora fosse um conceito elástico nessa guerra em que homens-bomba surgiam do nada e em qualquer lugar. Parecia um filme de terror. "Você fica esperando um zumbi emergir da escuridão a qualquer momento para te matar", pensou Barzan. Sabia que havia franco-atiradores do EI escondidos nas casas e no topo dos prédios, e que podiam estar sob a mira deles naquele exato momento. Mas também tinha medo de serem confundidos com o inimigo e de virar alvo do fogo amigo da YPG.

Entraram em uma rua e foram tateando as casas, esgueirando-se colados às paredes. Öcalan bateu levemente em uma porta. "Heval!", sussurrou, usando a expressão em curdo para "camarada".

A base da YPG era um apartamento com oito soldados curdos. Um gerador a diesel no porão do edifício lhes fornecia energia e luz. As janelas estavam forradas com cobertores para que não passasse nenhuma claridade que poderia chamar a atenção dos extremistas. A sala estava repleta de armas: fuzis AK-47, metralhadoras de alto calibre DShK, lançadores de granadas e morteiros.

Os soldados estavam sentados no chão, tomando chá e fumando cigarro. Lá fora, ouviam-se tiros e explosões. Raushan sentou no que lhe pareceu ser um banquinho — só depois percebeu que era um baú cheio de explosivos. Um dos soldados era casado com uma prima de Barzan, outro era seu amigo. Todos se conheciam de uma forma ou de outra — a família de Barzan vivia em Kobane havia gerações.

Bahoz Horan, parente distante de Barzan, discutia com os outros uma maneira de resgatar o corpo de seu pai, morto por um franco-atirador do EI havia quase um mês. Ele tombara ao lado do filho mas, no fogo cruzado, Bahoz não conseguiu arrastar seu pai consigo. O corpo permanecia no mesmo lugar.

Raushan notou um buraco na parede da sala, que dava para

a casa contígua. Era uma das passagens secretas de Kobane. Para se movimentarem com segurança pela cidade, sem ter que se expor nas ruas, os soldados haviam escavado buracos nas paredes de diversos apartamentos e casas.

Passando pelo buraco, Raushan e Barzan entraram no apartamento onde iriam morar dali em diante. Ficaram com o quarto maior. Öcalan se acomodou no quarto ao lado. Os dois quartos que davam para a rua, com varanda, ficaram vazios. Eram vulneráveis, haviam sido atingidos pelo EI diversas vezes. No último quarto, armazenaram objetos do antigo dono do apartamento.

Barzan, Raushan e todos os outros "habitantes" da Kobane sitiada acampavam em apartamentos que os moradores haviam abandonado, com todos os seus pertences.

"Não é exatamente a lua de mel que eu sonhava, mas tudo bem", brincou Raushan.

Pouco depois, ela ganhou sapatos novos do "centro de logística" dos soldados curdos: botas de caminhada com solas de borracha, silenciosas. "Nosso presente para você", disse Öcalan. Raushan calçava 38. As botas eram tamanho 40. Raushan não imaginava que passaria meses com sapatos grandes demais para os seus pés. E que Kobane ficaria tanto tempo sob cerco.

Euforia de primavera

A revolução na Síria começou em 2011 com multidões de homens, mulheres e crianças confiantes que iriam derrubar o ditador Bashar al-Assad e refundar o país. A Primavera Árabe enchia todos de otimismo: os tiranos do Oriente Médio e do norte da África caíam, um a um.

Tudo começou na Tunísia, quando Mohamed Bouazizi, um vendedor ambulante de 26 anos, ateou fogo ao próprio corpo na cidade de Sidi Bouzid, na região central do país. Bouazizi tinha um carrinho de frutas e verduras com o qual sustentava sua mãe viúva e mais seis irmãos. No dia 17 de dezembro de 2010, Bouazizi foi, como de hábito, achacado por funcionários do governo. Exigiam que pagasse propina, porque ele não tinha licença para trabalhar.

Num círculo kafkiano, Bouazizi não conseguia licença para trabalhar porque não tinha dinheiro para pagar a propina necessária para obtê-la. Era assim em quase todos os serviços públicos na Tunísia e em muitos países da região. "Multas de trânsito podem ser ignoradas, a emissão de passaportes pode ser acelerada e a alfândega pode ser evitada, desde que se pague o preço certo", relatou o então embaixador americano em Túnis, Robert Godec, em telegrama secreto de 2008 vazado pelo WikiLeaks. Casar, trabalhar, ir ao hospital ou matricular seu filho em uma boa escola também pressupunha subornar alguém.

Naquele dia, Bouazizi se recusou a subornar os inspetores, que apreenderam suas mercadorias. Quando tentaram confiscar sua balança, resistiu e foi espancado. Depois de perder tudo, Bouazizi postou-se em frente ao portão principal do conselho regional da cidade. Encharcou-se de gasolina e acendeu um fósforo. Morreu em um hospital três semanas depois, com queimaduras em 90% do corpo.[2]

A autoimolação de Bouazizi desencadeou uma série de protestos que culminaram na queda, em janeiro de 2011, do ditador Zine el-Abedin ben Ali. Ben Ali assumira o poder em 1987 por meio de um golpe de Estado, após uma junta médica declarar o então presidente vitalício Habib Bourguiba senil e incapaz de exercer suas funções. Bourguiba assumiu o poder em 1956, em 1975 foi declarado presidente vitalício e governou durante 31 anos. Apesar de aprovar leis que beneficiaram as mulheres, como o direito ao divórcio, ele encarcerava opositores, costumava cuspir em público nos ministros que lhe desagradavam. Tinha seus momentos bizarros: chegou a dizer em cadeia nacional que possuía só um testículo.

Ben Ali, sua mulher Leila ben Ali, sua filha Nesrine ben Ali El Materi e seu genro Mohammed Sakher El Materi eram chamados de "A família", em uma alusão à máfia. Odiados pela população, estavam envolvidos em escândalos de desvio de verbas em bancos e empresas. Em um telegrama de julho de 2009, o embaixador americano Robert Godec descreve um jantar que teve com Mohammed Sakher El Materi e com sua mulher, a filha do ditador. O cenário foi a enorme mansão de El Materi, perto de Túnis. "Depois do jantar, ele serviu sorvete e frozen yogurt que trouxe de avião de Saint-Tropez", relatou no telegrama diplomático. El Materi tinha em casa um tigre chamado Pasha, que vivia dentro de uma jaula e era alimentado com quatro frangos por dia. O execrado Ben Ali deixou o país e se exilou — junto com sua espalhafatosa mulher e uma fortuna subtraída dos cofres públicos — na Arábia Saudita.

Inspirados nos eventos na Tunísia, os egípcios começaram a protestar no dia 25 de janeiro de 2011 contra a corrupção, a situação econômica e contra a ditadura de Hosni Mubarak. Em manifestações convocadas pelo Twitter, milhares de pessoas tomaram as ruas no Cairo e em outras cidades pedindo a saída de Mubarak. A reação da polícia foi violenta: pelo menos 846 pessoas morreram e 6 mil ficaram feridas. A praça Tahrir, no Cairo, transformou-se em cenário de guerra. A repressão policial provocou ainda mais protestos pelo país. A situação política de Mubarak ficou insustentável. No dia 11 de fevereiro, o presidente egípcio, que havia governado o país por trinta anos, renunciou e uma junta militar assumiu o poder.

O roteiro foi o mesmo na Líbia, onde os protestos contra o regime ditatorial de Muammar Gaddafi começaram em 15 de fevereiro. A Otan interveio no fim de março, com bombardeios que supostamente deveriam proteger os civis, mas cujo objetivo real era derrubar o ditador líbio. Gaddafi, que ficou 42 anos no poder e era famoso por ser viciado em sexo e sequestrar estudantes de escolas públicas para integrar seu harém pessoal, teve um fim brutal. Escondido na tubulação de esgoto em sua cidade natal, Sirte, ele foi executado por rebeldes no dia 20 de outubro de 2011.[3] Antes de morrer foi sodomizado com uma baioneta.[4]

Na Síria, o ditador Bashar al-Assad se mostraria mais resistente. A família Assad governa o país desde 1971, quando o então

17

ministro da Defesa Hafez al-Assad, pai de Bashar e figura proeminente do partido político pan-arabista Baath, por meio de um golpe militar assumiu a presidência, cargo que exerceu até a sua morte, em 2000. Único candidato a concorrer à eleição presidencial naquele mesmo ano, Bashar foi eleito com 99,7% dos votos. A piada corrente era que nem Alá teria tantos votos.

O Baath emergiu como força dominante na Síria a partir de 1963, interrompendo a sucessão de golpes de Estado que se seguiram à independência do domínio francês em 1946.[5] Tinha como proposta colocar-se acima das diferenças religiosas e étnicas que conviviam (mal) no país. A maioria da população (75%) é muçulmana sunita. Cerca de 10% é alauita, uma vertente do islã mais próxima do xiismo, majoritários no Irã. Além de sunitas e alauitas, há pequenas comunidades de cristãos, drusos e outras minorias religiosas. Os alauitas se concentravam na costa do país, na região de Latakia. Os curdos, que são muçulmanos sunitas, estavam principalmente no norte. A maioria dos drusos habitava o sul da Síria, e os cristãos a cidade de Idlib, no noroeste do país. As cidades de Hama e Homs eram o principal reduto de muçulmanos sunitas, mas eles se espalhavam por grande parte do território. Mesmo dentro das grandes cidades, cada grupo étnico religioso vivia segregado em guetos.

Durante o protetorado francês na Síria, nos anos 1920, os franceses fortaleceram o poder político dos alauitas como forma de neutralizar a maioria sunita, abertamente hostil aos colonizadores. Criaram um Estado alauita autônomo, incentivaram seu ingresso nas Forças Armadas e cobravam deles impostos mais baixos do que da maioria sunita, duramente reprimida pelas forças colonialistas. Em 1928, a diplomata britânica Freya Stark descreveu a tensão religiosa que caracterizava a Síria sob dominação francesa: "Eu não encontrei nem uma fagulha de sentimento de nação; aqui está tudo ligado a seitas, ódios e religiões".[6]

O Estado alauita durou pouco, mas os alauitas continuaram dominando nas Forças Armadas sírias. Após a independência, muitos se filiaram ao Baath. Os militares ampliaram sua influência dentro do partido e, a partir de 1963, ajudaram o Baath a assumir o poder na Síria por meio de um golpe de Estado. O alauita Hafez al-Assad era ministro da Defesa quando se tornou presidente através de um golpe militar em 13 de novembro de 1970. Desde então, uma elite alauita domina o país, ocupando todos os principais postos de comando, sob oposição da maioria sunita. Hafez reprimia com mão de ferro a maioria sunita, principalmente os membros da Irmandade Muçulmana, grupo político e religioso presente em vários países, que foi proscrito na Síria após o Baath assumir o poder.

Mesmo banida, a Irmandade Muçulmana fazia uma oposição cada vez mais vigorosa contra o que via como um governo antirreligioso. Em junho de 1980, integrantes da Irmandade Muçulmana tentaram assassinar Hafez jogando granadas no líder sírio enquanto ele esperava por um diplomata africano na frente de um prédio do governo, em Damasco. Hafez chutou para longe uma das granadas e um guarda-costas pulou em cima da outra e morreu.[7] Em retaliação, uma unidade militar controlada pelo irmão de Hafez massacrou pelo menos 250 líderes religiosos sunitas dentro de uma prisão na cidade de Palmira. Dez dias depois, o presidente sírio aprovou uma lei que previa pena de morte para os membros do grupo.

Em 1982, a Irmandade Muçulmana se levantou contra o governo de Hafez al-Assad em Hama. Integrantes do grupo mataram funcionários do Baath e começaram a exortar sunitas de outras cidades a derrubar o governo. O exército de Assad cercou Hama por quase um mês, destruiu a cidade e matou mais de 10 mil pessoas. Foi um dos maiores ataques de um governo contra o seu próprio povo.

Poucos anos antes, um outro ditador secular se viu forçado a fugir do país, acossado por uma oposição religiosa. A Revolução Islâmica no Irã, em 1979, derrubou o xá Reza Pahlavi, déspota corrupto que governou o país por 38 anos. Pahlavi era financiado pelos Estados Unidos e pelo Reino Unido, que almejavam preservar seus interesses na exploração petrolífera no país.

A revolução iraniana se tornou um fantasma para os líderes do Ocidente, que queriam evitar a qualquer custo a tomada do mesmo caminho por outros países da região. Havia o preconceito de que os povos islâmicos não estariam preparados para a democracia, que, se não tivessem ditadores, teriam líderes islâmicos hostis aos Estados Unidos e à Europa. Predominava a visão orientalista de que os países árabes precisavam reformar suas instituições e de que eram incapazes de se autogovernar. Potências como os Estados Unidos e a França acreditavam que ditadores como os Assad ainda eram preferíveis aos fanáticos que fatalmente assumiriam caso os tiranos fossem derrubados; por isso fechavam os olhos para suas atrocidades.

É como teria dito certa vez o secretário de Estado americano Cordell Hull ao presidente Franklin Delano Roosevelt, sobre Anastasio Somoza, ditador sanguinário na Nicarágua que era anticomunista e aliado dos Estados Unidos durante a Guerra Fria. "É um filho da puta, mas é o nosso filho da puta."[8]

Bashar não era o herdeiro original do "trono" na Síria. Seu irmão mais velho, Basil, foi criado para suceder ao pai. Por isso, Bashar mudou-se para Londres nos anos 1990 para estudar oftalmologia. Era conhecido como doutor Bashar, praticava windsurfe e gostava de jogar vôlei. Mas seu irmão Basil morreu em um acidente de carro em 1994 e Bashar teve de voltar para a Síria.

Bashar assumiu o governo com um discurso que apontava para um líder moderno e democrático. "Vou fazer tudo o que posso para conduzir nosso país a um futuro que concretize os sonhos e as legítimas ambições de nosso povo", disse em seu discurso de posse. Bashar permitiu a abertura de mais jornais e universidades privadas e lançou programas de combate à corrupção. Mas tudo isso durou pouco. A mídia continuava sob controle do Estado, a internet era monitorada e as prisões estavam cheias de presos políticos. As diversas agências de inteligência e inúmeros ramos da polícia secreta mantinham seu poder intacto.

No entanto, era visto como um líder árabe modernizador e reformista, e o mundo fazia vista grossa para a violência de Bashar al-Assad contra os cidadãos sírios. Uma reportagem na revista *Vogue* de março de 2011, hoje excluída dos arquivos da publicação na internet (que entraria para a história como uma das maiores bolas fora da história do jornalismo), pintava Bashar e sua mulher, Asma, como um casal cosmopolita e glamoroso. Asma era descrita como "uma rosa do deserto" e "a mais magnética das primeiras-damas". "Ela é uma combinação rara, uma beldade magra e de pernas longas cuja mente é analítica." "A Síria é conhecida como o país mais seguro do Oriente Médio", continuava. "Um país secular onde as mulheres ganham o mesmo que os homens, o véu muçulmano é proibido nas universidades, um lugar que não tem bombas, conflito, sequestros, mas suas zonas cinzentas são profundas e escuras." Assad era descrito como um homem que "gosta de fotografar e fala com amor sobre seu primeiro computador".

Um mês antes da publicação da reportagem, quinze crianças sírias tinham sido presas e torturadas. Os meninos tinham entre dez e quinze anos, estudavam na mesma escola na cidade de Daraa, ao sul de Damasco. Tiveram as unhas arrancadas, levaram choques e sofreram queimaduras no corpo todo. Seu crime foi terem pichado em um muro a frase: "Agora é a sua vez, doutor". A menção era clara: Bashar era médico oftalmologista. E dois líderes árabes haviam sido depostos. Era hora de o ditador sírio cair.

As famílias foram pedir a libertação dos meninos ao chefe da polícia secreta de Daraa, Atef Najeeb, que, não por acaso, era primo de Bashar al-Assad. Foram recebidas com escárnio. "Esqueçam seus filhos", teria dito. "Se vocês realmente querem os filhos, deveriam fazer outros. Se vocês não sabem como fazer filhos, nós podemos mostrar." No dia 18 de março, moradores de Daraa foram às ruas protestar contra o tratamento dado às crianças e pedir que fossem soltas. "Queremos nossos filhos fora da prisão", entoavam. As forças de segurança começaram a atirar e quatro manifestantes foram mortos.

No dia seguinte, no funeral das vítimas, a polícia de Assad abriu fogo de novo. Mais uma pessoa morreu. Assim começava o capítulo sírio da Primavera Árabe, que degringolaria em uma guerra civil que já causou mais de 500 mil mortes. Em vez de sufocar as contestações, a crescente violência do governo Assad propagou os protestos, que passaram a reunir milhares de pessoas.

O vírus da revolta se espalhou. A população se sublevou nas cidades de Homs, Hama e no subúrbio de Damasco. O governo reagia com uma truculência cada vez maior. Em fevereiro de 2012, o regime bombardeou civis no bairro de Baba Amr, em Homs, e a carnificina foi televisionada ao vivo. Milhares morreram.

A veterana correspondente de guerra americana Marie Colvin, do jornal inglês *Sunday Times*, que testemunhou o ataque, contou catorze bombas jogadas no bairro em um intervalo de apenas trinta segundos. Marie viu uma criança de dois anos morrer após ser atingida no peito por estilhaços de bomba. Não havia atendimento médico. Os saquinhos de soro eram pendurados em cabides. Alguns dias depois, Marie morreu quando o escritório de imprensa improvisado onde ela estava foi bombardeado.

Enquanto isso, a primeira-dama Asma Assad tinha preocupações mais prosaicas. Asma mandava e-mails discutindo a compra de uma luminária da marca italiana de luxo Armani e um vaso da dinastia Ming na loja de departamentos londrina Harrods. Também comprava colares de brilhantes em Paris e encomendava DVDs de *Harry Potter*, de acordo com e-mails trocados entre Bashar e a mulher e obtidos pelo diário britânico *The Guardian*.[9] Em nenhum momento o casal discutia a possibilidade de uma abertura política ou demonstrava preocupação com a matança de milhares de manifestantes. "Se ficarmos fortes e juntos, vamos superar tudo isso. Eu te amo", escreveu Asma em e-mail de 28 de dezembro de 2011.

Os alauitas continuavam a dominar os altos cargos no poder executivo e posições de comando nas forças de segurança sírias no governo Assad. Usavam a polícia secreta para oprimir a maioria sunita do país. Em um golpe de mestre, o maquiavélico Assad concedeu anistia em 2011 a vários detentos das prisões de Damasco — em grande parte extremistas religiosos sunitas. Com o tempo, esses radicais foram se infiltrando na oposição moderada a Assad. Ficou muito difícil diferenciar os legítimos opositores daqueles que queriam impor à força a Xaria[10] e executar inimigos por motivos religiosos. Assim, Assad encontrava uma desculpa para reprimir sunitas de maneira indiscriminada.

Além dos conflitos entre alauitas e sunitas, governo e oposição, outro fator alimentava a revolta do povo sírio: a seca. Grande parte do território sírio é desértica e o país tem estiagens e tempestades de poeira frequentes. Mas a seca que se abateu sobre a Síria entre 2007 e 2010, a pior da história, levou a uma grande migração de agricultores pobres para a periferia das grandes cidades e foi um dos motivos da guerra civil. A falta de água matou boa parte dos rebanhos, elevou os preços dos alimentos e forçou 1,5 milhão de agricultores sírios a se instalarem na periferia de cidades que já estavam abarrotadas.

A crise humanitária e a crescente brutalidade de Assad contra a população afetaram sua imagem na opinião pública mundial. De líder autocrata, mas potencialmente reformista, ele se transformou em um tirano assassino. A revolução que havia começado como uma legítima revolta popular contra um ditador violento, como nos outros países da Primavera Árabe, foi se transformando em um conflito sectário entre muçulmanos e uma guerra por procuração envolvendo, de um lado, Irã e Rússia, e, de outro, Arábia Saudita, Catar, Turquia e Estados Unidos.

Assad tem como aliado o Irã, país de maioria xiita que é arqui-inimigo da sunita Arábia Saudita. O Irã mandava suas tropas para combater ao lado de Assad e ajudava também por meio do Hezbollah, guerrilha xiita libanesa. A Rússia também apoiava Assad. A Síria havia se alinhado à União Soviética desde a Guerra Fria, em troca de um fornecimento de armas. Foi durante o governo de Hafez, em 1971, que a então União Soviética ganhou sua única base militar no mar Mediterrâneo, em Tartus, na Síria. Desde então, o intercâmbio entre os dois países passou a ser intenso. Milhares de militares e profissionais liberais sírios estudaram na Rússia durante o governo de Hafez.

Enquanto a maioria dos países condenava as atrocidades de Bashar durante a guerra iniciada em 2011, a Rússia manteve-se firme ao lado do ditador. O país vetou resoluções do Conselho de Segurança da onu que previam sanções contra o governo de Assad, e manteve-se como um dos principais fornecedores de armas para o regime.

A oposição a Assad também tinha apoio de diversos países. Os extremistas eram financiados pelo Catar e pela Arábia Saudita. O ministro das Relações Exteriores catariano, Khalid bin Mohammad al-Attiyah, disse no início das revoltas contra Assad: "Eu sou contra a exclusão de qualquer um neste momento [da oposição a Assad], rotulando-os de terroristas ou acusando-os de fazer parte da Al-Qaeda".

A Turquia fazia vista grossa para os jihadistas que cruzavam sua fronteira rumo à Síria, além de facilitar a transferência de armas e de dinheiro. O governo turco tinha dois interesses em jogo: os jihadistas derrubarem Assad e, sobretudo, enfraquecerem os curdos do norte da Síria.

Os Estados Unidos e os países da coalizão financiavam parte da oposição moderada, embora fosse difícil dizer, a certa altura, quem era realmente moderado. "Nossos aliados na região eram nosso maior problema na Síria", disse o vice-presidente Joe Biden, em um acesso de sinceridade durante conversa informal com estudantes da Universidade Harvard.[11]

Os países que apoiavam Assad e os que queriam derrubá-lo tinham algo em comum: iludiram-se, achando que em pouco tempo a situação estaria resolvida. Apesar de todas as previsões de que logo ele cairia, Bashar al-Assad ainda continuava no poder cinco anos após a Primavera Árabe.

A foto que me levou à Síria

Debaixo de um toldo, um amontoado de gente esperava pelos barcos de alumínio que fazem a travessia do rio Tigre, entre a Síria e o Iraque. Fazia um calor insano. Era fim de setembro de 2015. As pessoas carregavam malas, sacos de bolacha, açúcar, aparelhos de televisão — tudo o que não conseguiam encontrar facilmente na Síria em guerra. Pouca gente conseguia autorização para ir ao Iraque fazer compras. Cada viagem era preciosa.

O barqueiro recolheu nossos passaportes e ligou o motorzinho de popa. Em menos de dez minutos atravessamos o Tigre e estávamos em solo sírio, mais especificamente no posto de controle de fronteira na cidade de Derik, que se resumia a duas casas de lajota bege-claro, uma de frente para a outra, em estilo pseudoneoclássico.

Encostado em um Hyundai prata empoeirado com o para-brisa quebrado, Barzan fumava um cigarro e me esperava. Tinha um ar de galã latino. Dentro do carro, uma mulher bem branca e bem magra estava sentada no banco do passageiro. Ela acariciava um gatinho branco no colo, em cima de um jornal. Era Raushan.

Entre os dois bancos, uma garrafa térmica com café e um fuzil Kalashnikov.

"Patrícia?", Barzan perguntou.

Respirei fundo.

Eu já tinha feito muitas reportagens em lugares difíceis. Estive no interior de Serra Leoa cobrindo a epidemia de vírus Ebola em agosto de 2014. Fui conversar com mulheres que tinham fugido da escravidão sexual no norte do Iraque, em fevereiro de 2015. Escrevi sobre a guerra e os refugiados no Afeganistão, em 2009. Entrevistei mulheres vítimas de violência sexual na Índia, logo depois do caso brutal de estupro coletivo em um ônibus, em 2012.

Mas essa cobertura era diferente. Eu estava chegando a um país em guerra e depositando minha vida nas mãos de um desconhecido. Um amigo jornalista costumava brincar dizendo que, nessas coberturas, tudo o que pode dar errado, vai dar errado. Dessa vez, até o que parecia estar certo deu errado.

Três dias antes de embarcar na Turquia rumo ao Iraque, de onde eu iria atravessar para a Síria, descobri que não poderia mais fazer a reportagem que tinha planejado. A pessoa que me ajudaria na Síria se ocupou com outro trabalho e não poderia mais me acompanhar. Perdi o chão. As matérias que eu havia proposto tinham ido por água abaixo. E o pior, fiquei sem *fixer*.

O *fixer* é a figura mais importante de qualquer cobertura jornalística internacional. É uma pessoa local, que atua como tradutor, às vezes motorista, mas principalmente termômetro cultural. É uma pessoa que conhece a política do lugar, as pessoas, as motivações de cada um, e nos ajuda a entender o contexto de cada situação. Normalmente, é um jornalista muito bem informado, que trabalha com repórteres estrangeiros para complementar sua renda. Sem ele, o jornalista estrangeiro não passa de um turista mal informado. Com um *fixer* mal-intencionado, em um país em guerra, você pode acabar mal.

Alguns jornalistas ocidentais sequestrados na Síria foram vendidos por seus *fixers* e motoristas a grupos terroristas ligados à Al-Qaeda ou ao Estado Islâmico. Os sequestradores pediam milhões de dólares em resgate aos governos dos países de origem das vítimas. Mas países como Estados Unidos e Reino Unido seguem o princípio de não negociar com terroristas, muito menos pagar. Segundo esses governos, o pagamento de resgates serviria de estímulo para mais sequestros.

O resultado é que muitos jornalistas e trabalhadores humanitários americanos e ingleses acabaram assassinados pelo EI. Steven Sotloff, jornalista americano que trabalhava para a revista americana *Time*, foi sequestrado em agosto de 2013 em Alepo, na Síria. Ele tinha muita experiência em coberturas na Síria e na Líbia, sempre se concentrando nos efeitos dos conflitos sobre as pessoas comuns. Um jornalista sírio amigo de Sotloff acredita que ele foi vendido por um *fixer* ao EI por algumas centenas de dólares. Sotloff foi mantido em cativeiro por pouco mais de um ano. Em setembro de 2014, o EI divulgou em um vídeo a decapitação do jornalista.

O sol ardia na minha cabeça e eu pensava em Sotloff.

Foi uma foto que me levou à Síria.

No dia 2 de setembro de 2015, a imagem de um menininho deitado de bruços numa praia, sem vida, com os braços ao longo do corpo e uma camiseta vermelha, chocou o mundo. Alan Kurdi, de três anos, tinha morrido afogado tentando chegar à Grécia de bote com a sua família, que fugia da guerra e da pobreza na Síria. Sua mãe, Rehan, e o irmão Galib, de cinco anos, também morreram no mar. Antes dele, milhares de Alan Kurdis se afogaram enquanto tentavam chegar ao sonho europeu. Mas a mídia não deu atenção e nós não ficamos sabendo.

O Brasil estava recebendo centenas de sírios e eu vinha cobrindo o tema. Todo dia havia reportagens sobre os horrores da guerra na Síria e o êxodo de refugiados. Mas confesso que precisei daquela imagem para finalmente acordar para a real dimensão do problema dos refugiados. Alan tinha apenas três anos, a mesma idade de meu filho Manuel.

O que leva um pai e uma mãe a enfiar seus filhos pequenos dentro de um bote, sabendo que há grandes riscos de a família toda morrer afogada? Muitos chegam a embarcar sem salva-vidas, ou com coletes fajutos. Na Turquia, existiam fábricas que produziam coletes recheados de papelão. Dentro da água, eles ficavam pesados e afundavam, em vez de flutuar. De que tipo de inferno fogem essas pessoas? Queria compreender ao menos em parte suas aflições.

A viagem começou pela Turquia. Há quase 3 milhões de refugiados sírios no país, embora as estimativas oficiais sejam um pouco mais baixas. Alguns poucos conseguem encontrar empregos decentes. Muitos pedem dinheiro na rua. Outros apertam-se em barracas dentro de campos de refugiados. Na cidade de İzmir — mais conhecida por ficar perto das ruínas da antiga cidade grega de Éfeso e da casa onde teria vivido a Virgem Maria, conhecidos pontos turísticos da Turquia — há dezenas de milhares de refugiados apinhados em casas decrépitas. Muitos não conseguem nem matricular seus filhos nas escolas ou usar o hospital público.

Diante dessa falta de condições mínimas, muitos sírios que chegam à Turquia pensando em se fixar por lá acabam se arriscando na perigosa jornada para a Europa. İzmir é o centro do tráfico de refugiados para a Grécia. As famílias vêm da Síria, do Iraque e do Afeganistão. Grande parte delas vive em pensões ou em hotéis baratos, onde passam os dias juntando dinheiro para pagar aos traficantes de pessoas que controlam a travessia para a Europa.

Quando estive no Hekimoğlu, um hotel no bairro de Basmane, nenhum dos quartos estava livre. Fazia quatro anos que o hotel estava lotado de refugiados que se preparavam para embarcar. Os quartos abrigam até dez pessoas — cada uma paga quinze liras turcas (cinco dólares) por noite. Esperavam um dia, duas semanas, um mês, o tempo que fosse preciso, por um bote que as levasse à Europa.

Em um desses quartos, encontrei uma família de oito pessoas. Estavam no hotel havia mais de uma semana. Eram iraquianos que tinham escapado de um massacre do EI no norte do país. Escondidos, sobreviveram comendo folhas de árvores durante dias.

Com ajuda de parentes que já estavam na Europa, o agricultor Wahid Sidi já tinha juntado quase todo o dinheiro necessário para levar à Grécia a família toda: sua mulher e mais seis filhos, entre um e quinze anos. Os coiotes estavam cobrando 3 mil dólares para transportá-los. "Prefiro morrer no mar a morrer com o EI", ele me disse, enquanto seu vizinho de quarto mostrava no celular uma foto do primo que morrera afogado.

A família não tinha dinheiro para comprar coletes salva-vidas. No centro da cidade, os coletes eram vendidos por setenta liras turcas (25 dólares) o infantil e cem liras turcas (35 dólares) o adulto. As lojas faziam questão de dar grande visibilidade a seu campeão de vendas. Havia inúmeros manequins de crianças com coletes em exposição na calçada para atrair compradores.

À noite, os traficantes ficavam na frente de uma mesquita no bairro de Basmane e saíam com famílias carregando suas roupas e pertences em sacos plásticos pretos. A maioria dos traficantes era de sírios como os refugiados e ganhavam comissão sobre o número de pessoas que eles conseguiam arrebanhar para a travessia. Já os donos dos botes e dos pontos de tráfico de pessoas eram turcos.

Os refugiados levavam o dinheiro e os celulares dentro de bexigas, que amarravam no braço, para não correr o risco de molhar seus únicos bens durante a travessia.

De İzmir, eles eram transportados em vans até cidades na costa como Ayvalik, Bodrum e Cesme, de onde pegavam os botes de borracha que acomodavam até quarenta pessoas. Com sorte, chegavam até ilhas gregas como Lesbos, Kos e Samos.

Esse era o trajeto que Alan Kurdi teria feito.

Entrar na Síria é uma operação de guerra.

Alguns jornalistas vão para Damasco com visto concedido pelo governo sírio, mas isso é bastante raro. Para representantes de veículos de imprensa que não hesitam em chamar o presidente sírio Bashar al-Assad de ditador, como é o caso do jornal em que trabalho, é praticamente impossível obter um visto.

Durante um tempo, muitos repórteres cruzavam clandestinamente pela fronteira da Turquia. Eles entravam nas áreas curdas do norte da Síria com ajuda de militantes do PKK, o Partido dos Trabalhadores Curdos, organização que trava uma guerrilha contra o governo turco e é considerada terrorista pela Turquia, União Europeia e Estados Unidos. Outros atravessavam para regiões dominadas pelos rebeldes que fazem oposição ao ditador sírio Bashar al-Assad, onde o perigo era maior.

A Turquia, no entanto, tinha bloqueado a rota e estava prendendo jornalistas (e, com menos sofreguidão, militantes do EI) que tentavam entrar na Síria. Inúmeros jornalistas foram detidos nas áreas curdas do sul da Turquia, acusados de colaborar com o PKK.

Restava a travessia pelo Curdistão iraquiano, também clandestina. Para isso, era necessário obter uma autorização do governo regional do Curdistão iraquiano (KRG) e um salvo-conduto das milícias curdas, a YPG. São elas, e não o governo de Bashar al-Assad, que realmente mandam no norte da Síria.

O dr. Safeen Sindi, na época cônsul honorário do Brasil no KRG, ajudou por essa questão. Eu estava na Turquia fazendo reportagens sobre refugiados e, de lá, seguiria para Arbil, no Curdistão iraquiano. Quando descobri que todo o meu planejamento de reportagens tinha sido atropelado, pedi socorro a um colega que nos ajudava na Turquia. Eu precisava desesperadamente de um *fixer*. Ele me indicou um jornalista turco que já conhecia muita gente na Síria — e não falava uma palavra de inglês. Ele, por sua vez, me pôs em contato com um sujeito chamado Barzan Iso. Pelo telefone, explicou a Barzan que eu precisava de um *fixer* para trabalhar comigo na Síria e fez o acerto com ele, em turco.

Perguntei se Barzan era de confiança, afinal eu estava entrando sozinha em uma zona de guerra. Ele disse que Barzan era da cidade de Kobane, e tinha feito várias reportagens para a televisão sobre o cerco do EI à cidade. Dominava o inglês, turco, árabe e kurmanji. Mais do que isso ele não podia garantir, pois não conhecia Barzan muito bem. Peguei os números de telefone de Barzan — um turco e um sírio, porque, dependendo de onde ele estava na Síria, era um ou outro chip de celular que funcionava. Marquei de encontrá-lo na fronteira do Iraque com a Síria.

Naquela noite, minha última em Istambul, fui jantar com um grupo de jornalistas e advogados que eram parte da oposição ao presidente Recep Tayyip Erdoğan. Como eu estava na Turquia a convite do governo, achei que era essencial também falar com a oposição, para ter uma visão equilibrada da situação. Um amigo, Roberto Simon, havia sugerido que eu me encontrasse com Yavuz Baidar, conhecido jornalista turco que Simon havia conhecido em Harvard. Yavuz foi muito simpático e disse que iria organizar um jantar com alguns de seus amigos, todos na oposição a Erdoğan.

Ele passou no hotel para me buscar. Estava de moto. Tenho

pavor de três coisas na vida: barata, andar de moto e pegar a avenida 23 de Maio, em São Paulo. Mas moto é o meio de transporte que grande parte das pessoas usa para driblar o trânsito caótico de Istambul, e eu não podia ser mal-educada.

O.k., vou de moto.

Estávamos a caminho na moto quando ele bateu em uma barreira na estrada, de leve, e eu machuquei o pé. Perdi uma unha. Cheguei ao elegante restaurante na beira do Bósforo, o estreito que divide a Turquia entre a Europa e a Ásia, com o pé pingando sangue.

Não era nada grave, mas como eu ia partir para a Síria no dia seguinte, achei por bem passar em um posto de saúde. Os gentis amigos turcos me levaram. Dois anos depois, estariam todos exilados. Tiveram de fugir da Turquia por causa da perseguição de Erdoğan aos jornalistas da oposição depois da tentativa do golpe de Estado em julho de 2016. Outros tiveram menos sorte. O colunista Şahin+ Alpay, com quem eu tinha almoçado pouco antes, foi preso poucos meses depois.

O hospital público era uma maravilha: vazio, vazio. Saí de lá com um curativo e a orientação: tome o antibiótico, limpe bem. E não ponha sapato. Ainda bem que eu tinha trazido um par de chinelos Havaianas. No dia seguinte, peguei um avião de Istambul para Arbil, capital do Curdistão iraquiano.

Ao lado dos prédios empoeirados típicos do Oriente Médio e do indefectível bazar onde é possível comprar desde pilhas e lanternas chinesas até o melhor kebab da vida, Arbil tem grandes shopping centers que lembram os *malls* americanos. A cidade, capital da região autônoma do Curdistão iraquiano, viveu anos de boom econômico e ambicionava ser a nova Dubai. A economia decaiu junto com o preço do petróleo, mas Arbil continua sendo uma das cidades mais seguras do Iraque, onde vivem muitos expatriados.

Peguei um táxi de Arbil até a fronteira síria, com um motorista de confiança do dr. Sindi. Mohammed fumava um cigarro atrás do outro e não falava uma palavra de inglês. Mas era gentil e trazia refrigerantes cor de laranja para mim das vendinhas de estrada onde parávamos. Havia alguns bloqueios de segurança onde *peshmerga* curdos checavam meu passaporte e os documentos de Mohammed. Mas sair de Arbil era fácil — no acesso, o escrutínio era muito maior, pelo medo da entrada de combatentes do EI. Na última ofensiva eles haviam chegado muito perto da cidade.

Até Faysh Khabur são 210 quilômetros. A viagem levava pouco mais de três horas porque o motorista precisava dar uma volta para evitar passar perto de Mossul, cidade sob poder do EI desde junho de 2014.

Acenei para Barzan, que me esperava ao lado do posto de controle de fronteira, em Derik, a cidade que fica do outro lado do rio Tigre, já em território sírio.

"Oi! Prazer em conhecê-lo!"

Ele me ajudou a pôr a bagagem no porta-malas — um saco de dormir, uma mala pequena com roupas e barras de cereal, um capacete e um colete à prova de balas e uma mochila com laptop.

Meu objetivo não era ir para o front, mas conhecidos haviam me orientado a levar o equipamento de segurança em todo caso. Eu tinha comprado um colete em fevereiro daquele ano no Iraque, aonde havia ido para uma reportagem. Eu e o fotógrafo Fabio Braga fomos a uma espécie de "25 de Março" de equipamentos de segurança em Arbil. Uma infinidade de lojinhas vendia de tudo, sem nenhuma restrição ou necessidade de autorização: miras para fuzis, capacetes, coletes e vários tipos diferentes de placas, desde as mais frágeis e baratas até as que supostamente protegem contra tiro de fuzil. Faz sentido — em um país em guerra quase contínua desde 2003, equipamentos de segurança são itens de primeira necessidade. O meu colete saiu por noventa dólares incluindo as placas. Provavelmente não era grande coisa.

Sentei no banco de trás do carro, no meio de um monte de papéis, poeira e cinza de cigarros, e cumprimentei Raushan, que alisava o gato branco em seu colo.

Tentei puxar assunto.

"Vocês sempre viajam com o gato? Como ele chama?"

Ela não sorriu. Explicou que não quis deixar Liza, a gata, sozinha em casa. Continuou olhando para a frente.

Eu sabia que a maioria dos curdos do norte da Síria é bastante secular e usa roupas ocidentais. Mas de alguma maneira ainda me surpreendi ao ver Raushan sem o *hijab*, o véu que muitas muçulmanas usam para cobrir os cabelos quando saem de casa.

Ela vestia uma calça jeans que deixava evidentes suas pernas magras e compridas e uma camiseta larga por cima. O cabelo preto, bem fininho e na altura dos ombros, estava preso em um rabo de cavalo.

Eu tinha conversado com Barzan e havíamos decidido ir para Kobane para encontrar a família de Alan Kurdi e descrever a situação na cidade. Antes de tentar a travessia para a Europa, Alan morava na casa de seus avós em Kobane, com a mãe, o pai e o irmão. Barzan não conhecia a família de Alan nem sabia onde seus parentes viviam. Mas ele conhecia muita gente em Kobane, que tinha 50 mil habitantes antes de a guerra começar, em 2011.

De Faysh Khabur até Kobane são quinhentos quilômetros. A viagem de carro, porém, leva mais de dez horas. As estradas esburacadas são o menor dos problemas. Ao longo de todo o trajeto, é preciso parar em inúmeros postos de controle, onde ocasionalmente explodem homens e carros-bomba. Em cada um dos postos de controle, havia uma fila de carros esperando para serem vistoriados por soldados da YPG. É necessário obter uma documentação com autorização da polícia curda e da YPG para se movimentar. E não se viaja à noite, por causa do perigo de ataques. Passávamos por alguns vilarejos no caminho, mas tudo parecia vazio e seco. Havia poucos carros circulando. Algumas pessoas vendiam diesel na beira da estrada, em vasilhas. Ao longo da estrada, é possível avistar vários campos de petróleo. A região que estávamos cruzando, a província de Al-Hasakah, responde pela maior parte da produção petrolífera da Síria, e estava sob controle dos curdos. Os curdos sempre extraíram petróleo, mas a ditadura de Assad proibia a construção de refinarias para não dar autonomia à região. Os curdos dependiam de refinarias em áreas no sul do país.

Na Síria, só funciona carro velho com motor Mazda, Honda ou Toyota, explicava Barzan. Muitos carros quebram, porque o combustível usado no norte da Síria é um "diesel sujo", produzido nas refinarias de fundo de quintal do território. O ar-condicionado do Hyundai com motor Mazda de Barzan estava quebrado. Deixávamos todas as janelas abertas e mesmo assim eu não parava de suar. Entravam quilos de poeira junto com o vento pela janela. Meu rosto estava virando uma estátua de terra craquelê.

Carrancuda a princípio, Raushan foi se soltando e a conversa engrenou. Falava inglês muito bem.

"São fotos dos mártires que morreram na guerra", explicava, apontando para as praças onde havia inúmeras fotos de jovens soldados e soldadas afixadas em postes. Em quase todas as famílias do norte da Síria, pelo menos uma pessoa tinha entrado no Exército.

"Esta cidadezinha foi libertada do Estado Islâmico há pouco tempo. No dia em que os soldados curdos conseguiram expulsar os terroristas do Daesh, as pessoas não saíram na rua gritando e comemorando. Elas simplesmente pegaram suas cadeiras e puseram na frente de casa. Fizeram um chá e se sentaram lá, para ver a vida passar." Durante todo o jugo do EI, as mulheres eram proibidas de sair de casa. Os homens não podiam fumar, um dos passatempos preferidos dos sírios. Eram rebeldias que podiam levar à morte.

A certa altura, Raushan se descontraiu e perguntou: "Por que você veio para a Síria usando chinelos de dedo?". Dei risada do absurdo da situação e expliquei a ela o incidente. Meu pé parecia estar infeccionado. Doía e estava quente.

Paramos na cidade de Amude, onde fica o "escritório de imprensa" da YPG, que concede os documentos para os jornalistas circularem no território controlado pelas milícias. Sem esses documentos, ninguém vai a lugar algum e pode acabar preso.

A cidade estava em obras, com ruas sendo asfaltadas e fachadas reformadas. Com exceção das fotos dos mártires nas praças, não havia sinais óbvios da guerra. Mas a maior parte da região está sem eletricidade desde 2011, quando os conflitos começaram. Os moradores dependem de geradores, que funcionam oito horas por dia. Além disso, a Turquia e o Iraque fazem embargos não oficiais contra os curdos sírios, então a circulação de mercadorias é restrita. Falta muita coisa.

Mesmo nessa situação, no entanto, a generosidade é a marca dos sírios. Fui a uma farmácia em Amude. O dono, Rashid Chalabi Ahmed, médico treinado na Ucrânia, examinou meu pé, fez um curativo e deu os remédios. Não quis receber o pagamento de jeito nenhum. "A comunidade internacional nos ajuda, mas nós também podemos dar assistência de graça", disse. Ahmed estava doando remédios para muita gente, principalmente para os sírios que fugiam de regiões conflagradas e se abrigavam em Amude.

Ao longo das mais de dez horas de viagem, Barzan e Raushan me contaram sua história: um casal de sírios que se apaixonou pela internet, passou a lua de mel na cidade de Kobane sitiada pelo Estado Islâmico e que apesar da guerra sobrevive todos os dias.

Em busca da história de Alan Kurdi, tropecei em Barzan e Raushan.

Barzan e Raushan

No início de 2012, a estudante de direito Hala Alnazi foi espancada por um bando de homens na praça central da Universidade de Alepo, em plena luz do dia. Teve muitos ossos quebrados e o crânio fraturado e, depois de uma semana em coma, morreu.

Tal como Raushan, de quem era colega na faculdade de direito da mesma universidade, Hala era filha de mãe russa e pai sírio. Embora não fossem amigas íntimas, Hala já havia visitado Raushan em sua casa, em Afrin, e as duas costumavam ir juntas ao café da faculdade para bater papo.

Hala não era militante. Fazia o estilo Barbie, dizia Raushan. Mas teria circulado a informação de que ela estaria apoiando Assad, porque a Rússia ajudava o regime, e a mataram. Devido ao apoio russo à ditadura de Bashar al-Assad na Síria, os sírios descendentes de russos, considerados colaboracionistas, eram vistos com desconfiança pelos rebeldes que tentavam derrubar o ditador desde o início da revolução, em 2011.

Com medo de enfrentar o mesmo fim de sua amiga, Raushan

parou de ir à universidade. Mas queria pelo menos concluir as provas do semestre. Seu pai, Hekmat, preocupado, foi conversar com o diretor. "O.k., sua filha pode vir fazer as provas, mas ela precisa usar o *niqab*[12] e a *abaya*[13]", disse o diretor. "Ela não pode mostrar o rosto, porque não queremos ter mais problemas com o pessoal que está apoiando a oposição. Dois seguranças vão levá-la até a sala de provas." Naquela altura, muitos integrantes da oposição a Assad em Alepo eram extremistas religiosos. Seria melhor Raushan se vestir como uma muçulmana conservadora, para não despertar suspeitas, argumentou o diretor. Curda, Raushan era muçulmana sunita, mas andava de calça jeans e pulava as rezas diárias.

Hekmat decidiu que ela não poderia fazer as provas — mas sabia que a filha era teimosa e iria protestar. Raushan sempre fora muito independente. Chegou até a cortar o cabelo bem curto, para horror dos pais. Mas não dava, disse o pai. "Nós não queremos te perder. Você termina seus estudos depois. Agora você vai para a Rússia, lá é seguro."

Na escola, era a mais rápida para operar a Kalashnikov, a metralhadora AK-47. Até a década de 2000, todos os sírios tinham três horas por semana de treinamento militar obrigatório na escola. Aos treze anos, era apenas teórico. A partir dos quinze anos, os adolescentes tinham aulas práticas de manejo do fuzil Kalashnikov e da pistola Makarov. Raushan atirava melhor que a maioria dos meninos da sua classe.

Hekmat tinha conhecido Elena, a mãe de Raushan, quando estudava engenharia em Moscou, nos anos 1970. Como ele, mais de 20 mil sírios se casaram com russas nessa época. Ávidos por conquistar mais países para sua esfera de influência durante a competição silenciosa com os Estados Unidos, os soviéticos fizeram programas de intercâmbio que levavam milhares de jovens da África, da América Latina e do Oriente Médio para estudar em suas universidades e mergulhar nos ensinamentos socialistas.

Muitos sírios iam estudar engenharia, medicina e outras ciências nas universidades soviéticas e acabavam conhecendo suas futuras esposas nos dormitórios estudantis. Casavam, voltavam para a Síria e criavam os filhos em lares russo-sírios, como o de Raushan. A Síria era, e ainda é, um parceiro estratégico dos russos — Tartus, na região síria de Latakia, é a única base militar da Rússia no mar Mediterrâneo. A Rússia é o principal fornecedor de armas do regime de Bashar al-Assad.

Pressionada pelo pai e pelas circunstâncias, Raushan largou a faculdade de direito no segundo semestre do terceiro ano, quando faltavam apenas dez matérias para ela se formar. Alguns meses depois, ela chegava à Rússia, de mala e cuia, para dividir um apartamento com sua avó materna, Lidia Vasiliévna Toporina. O apartamento ficava em Rybinsk, cidade gelada a 250 quilômetros ao norte de Moscou.

Seus irmãos mais novos tinham fugido antes. Rougash deixou a Síria em 2008, aos 26 anos, para estudar engenharia em Moscou. Nunca mais voltou. Ari emigrou em 2010, um pouco antes de a revolução eclodir, aos 24 anos.

O pai tinha sido alertado por um amigo do serviço militar. "A situação está ficando perigosa e seu filho pode ser convocado a servir no Exército. Se puder, tire Ari do país." Ari foi para a Rússia a contragosto. Depois que começou a revolução, em 2011, ele se resignou com a condição de expatriado. Assim como Raushan e seus irmãos, centenas de milhares de sírios fugiam do país todos os dias, muitos em situação bem mais precária.

Enquanto a guerra civil na Síria se aprofundava, Raushan tentava construir sua vida de refugiada na Rússia. Seu primeiro emprego foi em uma oficina de costura de outros migrantes sírios. Ela cuidava da contabilidade e ganhava trezentos dólares por mês. Às vezes, para engordar o salário, juntava-se às operárias no segundo andar e fazia hora extra pregando botões até tarde da noite. De lá, foi trabalhar como atendente na Beeline e depois na MTS, empresas russas de telefonia. Vendia chips de celular. Ganhava perto de 320 dólares, mas com as comissões o salário chegava a uns 450 dólares.

Não faltava, mas não sobrava, porque ela ajudava a sustentar a avó de 74 anos e mandava dinheiro para os pais.

Era uma vida solitária. Desde a eclosão do conflito na Síria, Raushan não via seus amigos. Alguns haviam se refugiado na Turquia, outros na Europa. Uns poucos tinham ficado em Alepo, mesmo após a cidade ter se transformado em palco de batalhas sangrentas: as forças do regime, aliadas aos russos, bombardeavam sem pausa opositores e civis.

A maioria de seus amigos apoiava os rebeldes, a oposição ao governo sírio. Os que eram partidários do regime se mudaram para Damasco ou Latakia, redutos de Assad. Aqueles que eram curdos como Raushan emigraram ou se fixaram em áreas de maioria curda no norte da Síria.

Mas Raushan vivia alheia a toda essa movimentação. Nunca foi politizada. Seguia as notícias para saber se havia ataques em Afrin, para se certificar de que seus pais estavam bem. O trabalho, que lhe consumia doze horas por dia, não lhe permitia essas distrações. Das 8h às 20h, atendia cliente atrás de cliente, escutando reclamações sobre o serviço. Chegava em casa, comia, tomava banho e dormia. Todo dia a mesma rotina. A única coisa que mudava era a quantidade de neve que ela enxergava pela janela.

Como grande parte dos curdos da Síria, o pai de Barzan começou a vida criando ovelhas, em um vilarejo próximo a Kobane, no norte do país. Aos oito anos, Barzan já pastoreava os animais, como a maioria das crianças da região. Eles eram em seis homens e uma mulher, Shireen, a irmã temporã. Às vezes não havia sequer uma cebola em casa — um dos maiores sinais de pobreza, porque o legume é um dos principais ingredientes da cozinha curda.

Mas o pai de Barzan começou a subir na vida. Passou a vender trigo e temperos. Abriu uma fábrica de pães em Kobane, o que garantia à família uma existência confortável, embora sem luxos.

Desde cedo, Barzan se envolveu com movimentos de autonomia curda. Dois milhões e meio de curdos habitam o território sírio, espalhados em três cantões no norte do país, que eles chamam de Rojava. A oeste está o cantão de Afrin, onde fica a cidade de mesmo nome e onde vivem os pais de Raushan. Na área mais central ficam o cantão e a cidade de Kobane. E mais a leste, perto da fronteira do Iraque, fica o cantão de Jazira, cuja maior cidade é Al-Qamishli. Em novembro de 2013, com participação direta de Barzan e sua família, os curdos decretaram a autonomia de Rojava.

O ativismo de Barzan causava transtornos. Quando estava na faculdade de direito em Alepo, em 2003, ele enfureceu um professor durante uma aula de princípios da Liga Árabe para a defesa dos direitos humanos. Instado pelo professor a fazer uma pergunta, Barzan disparou: "Quais foram as providências tomadas pelo comitê de direitos humanos da Liga Árabe durante o processo de arabização nas terras curdas e no massacre de Halabja?".

A Liga Árabe é uma organização que reúne 22 países árabes (a Síria está suspensa desde 2011 por causa da guerra). A arabização foi o processo conduzido pelo governo sírio nos anos 1960 e 1970 para diluir a maioria curda na região norte da Síria, com assentamento de famílias árabes em terras que foram confiscadas dos curdos, e também com a deportação de curdos.

Já Halabja foi o ataque com armas químicas do ex-presidente iraquiano Saddam Hussein contra curdos no norte do Iraque. Em 16 de março de 1988, aviões do Exército iraquiano bombardearam a cidade de Halabja com gás sarin e gás de mostarda matando 5 mil pessoas. Outros 10 mil civis ficaram feridos.

O gás sarin — o mesmo que foi usado por Assad em seu ataque em Ghouta, em 2013 — provoca uma morte dolorosa. Depois de apenas alguns segundos de exposição ao gás, o nariz começa a escorrer, os olhos lacrimejam, a pessoa começa a salivar, vomitar e evacuar incontrolavelmente. As pupilas diminuem e a pessoa espuma pela boca. O gás não tem nenhum cheiro, nem gosto, de modo que as vítimas nem sequer percebem tratar-se de um veneno. Absorvido pela pele, o gás contamina também aqueles que pretendem ajudar as pessoas afetadas. Se a exposição for grande, a pessoa passa a ter convulsões, paralisia e morre em até dez minutos.

Já o gás de mostarda provoca uma queimadura química, com bolhas se espalhando pelo corpo todo, até nos pulmões. Quem sobrevive às queimaduras fica predisposto a ter câncer por causa da exposição ao agente químico.

Embora o uso de armas químicas seja banido, a Liga Árabe não condenou os ataques contra os curdos — e foi acusada de racismo e de tolerar as armas químicas porque tinham afetado os separatistas.

Assim que ouviu as perguntas impertinentes de Barzan, o professor encerrou a aula. Dali em diante, todas as aulas se transformaram em acaloradas discussões políticas, com a liderança de Barzan. Discutia-se a ditadura de Assad, as ações turcas contra os curdos, a reivindicação de autonomia curda na Síria.

O professor passou a ameaçar Barzan na frente dos outros alunos. A retaliação veio na forma de reprovação em todas as disciplinas. Os professores davam a Barzan a menor nota possível em todos os trabalhos, não importava quanto se esforçasse. Sem alternativa, ele teve de deixar a universidade e resolveu ir para a Turquia estudar ciência política na Universidade de Istambul.

Trabalhou em um jornal curdo turco em Istambul e em diversas organizações de direitos humanos envolvidas com a causa curda. Fez vários documentários sobre tradições curdas na Síria e sobre os planos de criação de uma região autônoma em Rojava. Tornou-se comentarista sobre a situação síria na imprensa.

Na época, qualquer reportagem ou manifestação sobre a cultura dos curdos era censurada na Síria. Na visão do regime, exaltar a cultura curda era incitação ao separatismo. Em 2008, Barzan foi informado de que o governo Assad iria prendê-lo na primeira oportunidade que tivesse. Ele não podia voltar para a Síria, onde sua família passou a sofrer pressão. Em 2009, a polícia foi até a fábrica de pães de seu pai e prendeu todos os funcionários. Os caminhões de transporte da fábrica foram impedidos de fazer as entregas em Kobane. No mesmo ano, a Mukhabarat, a temível polícia secreta síria, invadiu a casa da família em Kobane e prendeu todos os cinco irmãos de Barzan. Era madrugada e a Mukhabarat os arrancou da cama e os carregou de pijama, sem sapatos.

Os irmãos Iso foram soltos depois de apanhar muito. Mas dois dos irmãos de Barzan, os gêmeos Ibrahim e Saddiq, continuaram detidos. O governo os forçou a prestar serviço militar como punição. Ibrahim era estudante e, pela lei, teria direito a um adiamento do serviço militar. Para Saddiq, que não estudava, normalmente seria possível pagar uma propina para livrá-lo do serviço militar — era assim que a maior parte das pessoas com algum dinheiro escapava. Mas não teve jeito. Era uma retaliação ao ativismo de Barzan. Os dois teriam de lutar ao lado das tropas de Assad por no mínimo dois anos.

Depois, foi a vez de Öcalan, então com 23 anos, ser preso, enquanto preparava uma grande manifestação em Kobane pelos direitos dos curdos. Naquela época, antes do início da revolução síria, ainda era muito difícil encontrar pessoas que se dispusessem a enfrentar as forças de segurança e a protestar contra o governo. Öcalan passou seis meses numa prisão em Alepo, sem acusação formal. Ficou grande parte do tempo em uma solitária, incomunicável. Frequentemente era espancado. Apanhava com cabos elétricos e chicote.

Em 2012, Ibrahim desertou do Exército sírio e foi preso pelo regime de Assad. Para ele, era indefensável continuar servindo a um ditador sanguinário, em uma guerra que se aprofundava. Escondeu-se na Jordânia, onde ficou por seis meses. Um dia, ligou para a família e avisou: "Resolvi sair da Jordânia e voltar para casa". Não deu mais nenhum detalhe. Ibrahim entrou na Síria pela fronteira da Jordânia, mas acabou capturado em Damasco, em 2012. A família nem sequer ficou sabendo que ele havia cruzado a fronteira, muito menos que tinha sido preso.

Com Öcalan a situação fora menos desesperadora, porque a família sabia de seu paradeiro. Sabiam que ele estava preso e que poderia ser torturado, como muita gente era. Com Ibrahim, o perigo era maior. Ser preso depois do começo da guerra era quase uma sentença de morte.

Por mais de dois meses, sua mãe, Saida, não sabia se Ibrahim estava na prisão, se tinha morrido ou se estava tentando voltar para casa. Tudo era caótico. O pai de Barzan costumava ir todos os dias ao escritório da Mukhabarat para perguntar sobre o paradeiro do filho. Ficava lá esperando até duas, três da manhã, em vão. Desesperado, foi a Damasco com 3 milhões de libras sírias (cerca de 14 mil dólares) para tentar pagar propina a alguém e libertar o filho, caso estivesse vivo.

Na capital, encontrou com um amigo que trabalhava no governo. Contou que seu filho tinha desaparecido e que não sabia se estava morto ou preso. Mostrou a ele os documentos de Ibrahim. "Por favor, esconda esses documentos e nunca mais tente encontrá-lo", disse o amigo. "Se você tentar, eles vão prender você também." O pai de Barzan voltou a Kobane de mãos vazias.

Ibrahim estava detido na prisão conhecida como Palestina, aparelho do serviço de inteligência militar do governo sírio. As visitas eram proibidas. As celas eram cheias de moscas-varejeiras, ratos e baratas. Muitos detentos não podiam sequer usar o banheiro — um buraco no chão. Tinham de fazer suas necessidades no mesmo lugar onde dormiam. O cheiro era insuportável.

A Palestina é considerada uma das piores prisões da Síria. Segundo a Human Rights Watch, a tortura é prevalente nessa prisão — espancamentos, choques elétricos, ameaças. Um tipo comum é o chamado *shabeh*, em que o preso fica pendurado pelos braços, com os pés a poucos centímetros do chão, e é espancado nessa posição incômoda. Outra agressão frequente era o *dulab*: o preso fica dobrado, com os braços e as pernas dentro de um pneu, sem poder se movimentar, e é espancado.

Os interrogadores perguntavam: "Por que você desertou? Você é contra o regime?". Ibrahim repetia: "Eu não desertei, eu estava dormindo e fui sequestrado". A cada resposta, apanhava mais.

Ibrahim passou cinco meses na Palestina. Apanhava o tempo todo. Às vezes, olhava para o seu corpo e não conseguia enxergar seus braços, suas pernas, que estavam cobertos de sangue. Era surrado com cabos elétricos. Tinha queimadura de cigarro por toda a parte. Depois de seguidas sessões de tortura, um de seus ferimentos infeccionou. Ibrahim pedia para ser examinado por um médico e os guardas apenas riam. Ele tentava limpar a ferida, mas os torturadores voltavam a espancá-lo no mesmo lugar. Finalmente, ao verem a perna cheia de pus, levaram-no à enfermaria fétida. Por pouco não precisou amputar o membro infeccionado.

O juiz que finalmente o liberou disse: "Ou você é muito estúpido ou é muito criativo". Meses depois de desaparecer, Ibrahim finalmente telefonou para a família. "Eu estava na prisão do regime, acabaram de me soltar e vão me mandar de volta para a brigada da qual desertei", comunicou.

Obviamente, Ibrahim desertou de novo. E, dessa vez, conseguiu voltar para Kobane. Quando chegou em casa, ainda havia pedaços de cabo imprensados em seu corpo, além de muitas cicatrizes. Mas Ibrahim teve sorte: muitos dos detentos da prisão Palestina não sobrevivem.

Ibrahim dizia que tinha reformatado seu cérebro, apagou da sua mente tudo o que tinha acontecido na prisão. "E prometi a Assad que não contaria para ninguém", brincava, abrindo um sorriso, como fazia frequentemente. Ibrahim fazia piadas sobre tudo. As piadas o ajudavam a continuar a viver, costumava dizer.

Enquanto a guerra civil apertava na Síria e seus irmãos se revezavam nas masmorras de Assad, Barzan continuava em Istambul. Vivia em um apartamento que funcionava como um quartel-general informal da oposição nos primórdios da revolução síria. Por lá passaram desertores do Exército sírio, oposicionistas curdos e árabes.

O jornalista irlandês James Harkin, autor do livro *Hunting Season* [Temporada de caça], sobre a série de sequestros do EI, conheceu Barzan naquela época. "Eram vários rebeldes reunidos discutindo, cheios de esperança com o novo país. A tragédia é que muitos deles acabaram em lados opostos." Todos — curdos, árabes, extremistas — estavam unidos no propósito de derrubar Assad. Em pouco tempo, no entanto, começariam a matar também uns aos outros.

James lembra que Barzan era gregário, bem conectado e entendia muito a situação política. Percebia que as coisas estavam mudando. Tinha certeza de que a ditadura na Síria não iria continuar. Estava otimista, sabia que a revolta ia explodir.

Os curdos também ficaram eufóricos com a Primavera Árabe e viram nela uma chance de conquistar sua autonomia. Mas demoraram a se juntar aos protestos. Em Rojava, as pessoas tinham receio de criticar abertamente o governo. Eram curdos e estavam acostumados a ser bodes expiatórios, tachados de estrangeiros e acusados de querer se separar da Síria e fragmentar o país.

Aos poucos, os curdos se mobilizaram. A maré parecia ter virado contra Assad. O regime estava cada vez mais acuado em Damasco. No dia 18 de julho de 2012, um ataque suicida no centro do Departamento de Segurança Nacional em Damasco matou o ministro da Defesa sírio, Dawoud Rajiha, o vice-ministro de Defesa, que era cunhado de Assad, e várias outras autoridades. Assad, cercado, retirou as tropas do norte da Síria para retomar o terreno perdido em Damasco e no litoral do país. Os curdos se aproveitaram do vácuo. Em 19 de julho de 2012, as tropas curdas assumiram o controle em Kobane e em várias cidades de Rojava, sem disparar nenhum tiro. O dia, conhecido como a Revolução de Rojava, foi celebrado como a libertação dos curdos de anos de opressão do regime Assad.

Em setembro de 2012, após anos exilado em Istambul, sem ver sua família, Barzan pôde enfim voltar para casa.

Os curdos

Diz a lenda que os curdos há 2500 anos eram governados por um rei cruel chamado Zuhak. Durante seu reinado, não existia primavera no Curdistão. Todo dia era inverno. De seus ombros nasceram duas cobras venenosas. Para impedir que elas devorassem seu cérebro, todos os dias Zuhak as alimentava com os cérebros de dois jovens.

Kawa, que era ferreiro, já tinha perdido seis filhos para Zuhak. Quando chegou a hora de sacrificar mais dois, ele se rebelou. Arrebanhou um bando de homens, invadiu o palácio de Zuhak e matou o rei com uma martelada na cabeça. Para mostrar para o povo curdo que o tirano estava morto, ele acendeu fogueiras nos morros. Kawa assumiu o trono e os curdos se livraram do déspota Zuhak, que havia reinado por mil anos.

Comemorado entre 21 e 22 de março, o Nowruz, Ano-Novo e principal feriado curdo, é festejado com dança e música. As pessoas acendem fogueiras e se vestem com as cores nacionais do Curdistão — vermelho, verde, amarelo e branco. A data assumiu uma conotação política, e passou a ser vista como uma celebração da luta dos curdos pela independência. Acender fogueiras se tornou um símbolo da derrota dos tiranos.

O regime sírio era especialmente violento na repressão às celebrações, e o Nowruz foi proibido por muitos anos. Festas e comemorações públicas na Síria precisavam da autorização da Mukhabarat, que raramente a concedia. A polícia bloqueava as ruas para impedir que as pessoas chegassem até o local da festa, queimava a decoração, prendia e atirava nos participantes. No início de 2004,[14] organizadores de uma festa de Nowruz em Kobane precisaram assinar um documento garantindo que haveria apenas músicas em árabe na cerimônia. Canções em kurmanji estavam proibidas. No Nowruz de 2009, cem soldados sírios interromperam a celebração na cidade de Al-Hasakah e destruíram o palco com uma escavadeira. Qualquer referência ao Ano-Novo ou à identidade curda era proibida. Um estúdio fotográfico em Afrin teve de mudar seu nome de Afrin 21 para Afrin 23, porque 21 é a data do Ano-Novo curdo. Nos anos 1980, só por vestir as cores curdas você poderia ir preso.

A proibição da celebração do Nowruz era apenas uma das maneiras que o governo sírio usava para reprimir o povo curdo. Por décadas, grande parte dos curdos foi obrigada a registrar seus filhos com nomes árabes. Em seus documentos oficiais, Öcalan Iso, irmão de Barzan, se chama Abdullah Iso. Seus pais foram proibidos de registrá-lo como Öcalan, um nome curdo.

Durante o protetorado francês, os curdos estavam relativamente protegidos, por causa da estratégia francesa de "dividir para conquistar" e de manter a maioria árabe sunita sob controle. Mas a partir da independência do país, em 1946, o governo se dedicou a atacar seus "inimigos internos" e os curdos passaram a ser tratados como cidadãos de segunda classe. Não podiam ensinar o kurmanji nas escolas, eram proibidos de imprimir livros em seu idioma e tinham restrições para construir ou alugar propriedades. Eram estrangeiros em sua própria terra.

Em todos os países onde há minoria curda, os governos se opõem a movimentos de independência ou de autonomia. Dizem que os únicos amigos dos curdos são as montanhas — é lá que eles se escondem quando há conflitos.

Diferentemente da maioria da população do Oriente Médio, os curdos não são árabes. Etnicamente, se aproximam dos persas, povo originário do território onde atualmente é o Irã. Na Síria, os curdos são cerca de 10% da população. A maioria é de muçulmanos sunitas. Mas há também curdos cristãos e yazidis, uma minoria religiosa que combina aspectos do islamismo, do cristianismo e do zoroastrismo.

Os curdos já estiveram muito próximos do sonho do país próprio. Quando começou a Primeira Guerra Mundial, em 1914, o Império Otomano incluía não apenas o território atual da Turquia, mas também toda a área onde existem hoje Israel, Jordânia, Síria, Líbano, Iraque e Arábia Saudita. Os otomanos se aliaram à Alemanha e ao Império Austro-Húngaro para enfrentar a Grã-Bretanha e a França e acabaram derrotados.

Em 1916, a França e a Grã-Bretanha assinaram um acordo secreto, o fatídico Sykes-Picot, e antes mesmo do fim da guerra começaram a dividir o espólio do Império Otomano.

Novos países foram criados não de acordo com as populações, etnias e religiões de cada local, mas para satisfazer o interesse dos ingleses ou dos franceses. As terras ocupadas pelos curdos faziam parte do butim das potências. A desintegração do Império Otomano deu origem ao moderno Oriente Médio.

Muitas vezes, as autoridades que "desenhavam" as fronteiras nada sabiam da região e juntavam tribos rivais ou povos díspares no mesmo país, plantando a semente dos conflitos sectários que assolam a região até hoje. "A legitimidade foi a questão que levou algumas partes do Oriente Médio a coexistir, enquanto outras tiveram rupturas; algumas áreas adquiriram legitimidade, outras não. Alguns Estados vizinhos aceitaram suas fronteiras. Outros não. Alguns aceitaram seus vizinhos como Estados independentes. Outros não."

Depois do fim da guerra, em 1918, as potências assinaram vários acordos para retalhar a região de acordo com seus interesses.

Firmado em agosto de 1920, o Tratado de Sèvres determinava que o Império renunciaria a todos os territórios que não eram originalmente turcos, entre eles a Síria, que se transformaria em um protetorado francês. E também dava autonomia ao Curdistão, prevendo um referendo, e independência à Armênia, anteriormente sob jugo otomano. O tratado despertou a revolta entre camadas da população turca, porque previa a perda de grande parte do território.

E isso foi o estopim da guerra da independência turca liderada pelo nacionalista Mustafa Kemal Atatürk, que queria garantir a integridade territorial e política da Turquia.

No dia 24 julho de 1923, os países aliados assinaram um novo tratado, de Lausanne, com o grupo liderado por Atatürk, definindo as fronteiras da Turquia moderna. E assim jogou pela janela o tratado anterior, de Sèvres, e o projeto curdo de ter um país. O novo tratado nem sequer mencionava a existência dos curdos.

Hoje a população curda da Síria é de cerca de 2 milhões de pessoas e se concentra em três áreas diferentes do norte do país, para onde a população curda da região se deslocou após a reorganização político-territorial do Oriente Médio que se seguiu ao fim da Primeira Guerra e à derrocada do Império Turco-Otomano.[15]

Os curdos e a identidade curda eram vistos como uma ameaça ao Estado sírio, sua integridade territorial e segurança. Para as autoridades, os curdos não eram sírios de verdade, mas imigrantes ilegais da Turquia. Um relatório escrito em 1963 por Muhammad

Talab Hilal, funcionário do partido Baath e chefe de segurança da província de Al-Hasakah,[16] é um exemplo da posição oficial em relação aos curdos. Os curdos são descritos como "infiltrados estrangeiros que ameaçam o caráter árabe da província, conspiram para anexar partes da Síria e para proclamar independência".

O relatório estabelecia um plano de doze pontos para administrar os curdos na região de Jazira, que inclui boa parte da província de Al-Hasakah: retirar os curdos de suas terras; proibir o acesso à educação; extraditar para a Turquia curdos que fossem procurados pela Justiça; impedir que se empregassem; realizar campanhas de propaganda anticurda; substituir clérigos curdos por árabes; implementar política de dividir e conquistar nas regiões curdas; promover o assentamento de árabes na região; estabelecer um cordão sanitário ao longo da fronteira com a Turquia; criar fazendas coletivas para camponeses árabes; proibir curdos de votar ou ter cargo público; negar cidadania síria a não árabes que queiram viver na região.

Nos anos 1970, teve início a política de arabização que deixou marcas permanentes nas regiões curdas. A política tinha como objetivo mudar o perfil demográfico das áreas curdas, para que se tornassem predominantemente árabes, e impor aos curdos a língua e a cultura árabes. A principal medida da arabização era estimular árabes a se mudarem para áreas onde havia maioria curda. A ideia era criar um "cinturão árabe" perto da fronteira entre a Síria e a Turquia, para separar fisicamente os curdos sírios dos curdos turcos.

Estima-se que o governo sírio tenha confiscado mais de 3,5 milhões de acres (o equivalente a cerca de 3,3 milhões de campos de futebol) de terras de curdos e as tenha redistribuído entre árabes.

A cultura sempre foi uma das poucas maneiras de os curdos preservarem sua identidade. Era o único patrimônio de um povo vivendo no país que não lhe pertencia e tentando estabelecer sua própria nação. Em 1967, os livros didáticos de geografia na Síria eliminaram todas as menções à minoria curda no país. O governo rebatizou várias cidades e regiões curdas. Kobane, por exemplo, virou Ayn al-Arab, que significa "fonte dos árabes", porque os beduínos árabes levavam seus rebanhos para tomar água num córrego do local. Já o nome curdo Kobane teria vindo da companhia militar que os franceses mantinham lá durante o protetorado — *compagnie* virou Kobane.

As crianças curdas não podiam aprender kurmanji nas escolas, nem falar nas ruas. Eram permitidas escolas cristãs, judaicas e armênias, mas não curdas.

Desde 1958, era proibido publicar materiais em kurmanji, embora muitas vezes as autoridades fizessem vista grossa. Em 1987, a proibição foi estendida a vídeos e fitas cassete de música curda. Muhammad Hammu, dono de uma livraria em Alepo, ficou detido de 27 de agosto a 3 de setembro de 2001, acusado de distribuir literatura curda. Ibrahim Na'san foi preso em 8 de janeiro de 2002 em Alepo por "distribuir material cultural e educacional na língua curda".[17] Ele ficou preso em uma solitária, incomunicável, durante seis meses e depois foi condenado a três anos de prisão.

O governo sírio também privou os curdos de sua nacionalidade. Cerca de 250 mil curdos se tornaram apátridas depois do censo de 1962, no qual tinham que provar que estavam vivendo na Síria desde pelo menos 1945 ou perdiam a cidadania síria. Estima-se que até 300 mil curdos tenham sido condenados à condição de apátridas e cidadãos de segunda classe da noite para o dia. Para piorar, o número de apátridas foi crescendo e chegou a 300 mil, porque filhos de homens curdos apátridas também não podiam ser registrados como cidadãos.

Os curdos apátridas são párias. Eles não têm acesso a serviços básicos e enfrentam discriminação diária. Não podem tirar passaporte, nem qualquer tipo de identidade. E documentos de identidade são exigidos para tudo na Síria, desde se movimentar dentro do país até conseguir emprego.

Em 25 de maio de 2003, os curdos organizaram uma marcha de crianças em Damasco. O plano era que a manifestação acabasse em frente ao escritório da Unicef na capital síria, onde seria entregue um relatório sobre as dificuldades enfrentadas. Entre as queixas, estava a obrigação de registrar as crianças com nomes árabes, a proibição de aulas em kurmanji e a discriminação que sofriam nas escolas.[18] Mais de duzentas crianças curdas, acompanhadas de pais, irmãs e irmãos, carregavam rosas e cantavam em árabe e kurmanji, pedindo a paz, quando foram surpreendidas por quatrocentos policiais que dispersaram a marcha.

Sete homens foram presos durante a passeata. Segundo organizações de direitos humanos, eles foram mantidos incomunicáveis e sofreram tortura durante 23 dias. Depois, foram transferidos para outra prisão, onde permaneceram meses encarcerados em condições precárias, em celas de um metro por um metro e meio, sem nenhum contato com as famílias.

O estudante de jornalismo Masud Hamed tirou algumas fotos de policiais dispersando a manifestação de forma violenta e postou as imagens na internet. Acabou condenado a três anos de prisão por "participação em organização secreta" e "tentativa de anexar parte do território sírio a outro país", conforme descrevia a sentença judicial.

Além de terem seu direito de manifestação tolhido, os curdos também sofriam restrições para construir ou para comprar propriedades. Em todas as áreas consideradas de fronteira (conceito bastante elástico, que muitas vezes incluía províncias inteiras, como Al-Hasakah), não se podia construir, comprar ou alugar nenhum imóvel sem autorização do governo. Quase todas as áreas curdas eram consideradas "de fronteira". Na prática, o governo só dava autorização para árabes. As famílias curdas que precisavam vender suas propriedades para conseguir dinheiro, ou aquelas que tinham de comprar uma casa maior porque a família tinha crescido, ficavam sujeitas à burocracia do Estado e muitas vezes precisavam esperar anos por uma autorização. Às vezes nem sequer a conseguiam.

Muitos curdos migraram para cidades maiores e longe da fronteira, como Damasco e Alepo. Lá, viviam marginalizados, subempregados em restaurantes, obras, fábricas. Todo trabalho manual mal remunerado que ninguém queria fazer sobrava para eles. A maioria vivia na pobreza.

O governo sírio também criava barreiras ao desenvolvimento industrial nas áreas curdas. Apenas a indústria de azeite tinha permissão para se instalar. O pai de Barzan só abriu sua fábrica de farinha em Kobane em 2013, depois que o Exército Livre da Síria ocupou a única fábrica da região, em Manbij, e impediu que se abastecessem áreas curdas. Antes do início da guerra, era muito trabalhoso conseguir autorização, e o regime distribuía farinha a baixo preço como forma de pacificar a população.

Embora a região norte do país seja a mais rica em petróleo na Síria, todas as refinarias foram construídas pelo governo no sul do país. Depois do início da guerra, os curdos tiveram de construir refinarias improvisadas. Por consequência, o diesel é de péssima qualidade, e com isso grande parte dos carros na Síria está quebrada. Mas custa um terço do preço oficial do petróleo e do diesel. E o combustível é essencial para manter os geradores que garantem a eletricidade na região.

No Iraque, os curdos também foram perseguidos de forma implacável pelo ditador Saddam Hussein. Pouco tempo após assumir o poder, Saddam entrou em guerra contra o Irã, o que duraria quase oito anos (1980-8) e causaria mais de 1 milhão de mortes. Saddam atacou com especial brutalidade os curdos iraquianos, que se alinharam às forças iranianas, na infame Operação Anfal. E o Brasil foi conivente com o ditador nessa carnificina. Durante a guerra Irã-Iraque, a indústria bélica brasileira vendeu veículos e armamentos para Saddam — a Engesa fornecia os veículos blindados Cascavel e Urutu, e a Avibras exportava lançadores de foguetes Astros II. Os curdos não se esquecem disso. Enquanto em vários países o principal símbolo do Brasil é o futebol, no Curdistão iraquiano o país é sinônimo de armamentos vendidos para Saddam e carros modelo Passat (chamados de Brazili no Iraque), exportados na década de 1980. Entre 1986 e 1988, de 100 mil a 200 mil curdos foram mortos com armas químicas ou em campos de detenção.

À frente de Anfal estava Ali Hassan al-Majid, um primo de Saddam que ficou conhecido como Ali Químico. Ele tinha poder sobre todo o norte do Iraque e foi o arquiteto do genocídio curdo.

O regime de Saddam foi um dos primeiros da história a atacar seus próprios civis com armas químicas. Assad viria em seguida, em 2013, com seu ataque de gás sarin contra civis em Ghouta, subúrbio de Damasco com 2 milhões de habitantes. Mais de 1200 pessoas morreram.

Em 2003, os Estados Unidos invadiram o Iraque para supostamente impedir que Saddam Hussein usasse suas armas de destruição em massa — que jamais foram encontradas. Aproveitaram o ensejo para derrubar o ditador iraquiano e deixar um rastro de caos no país. Os curdos iraquianos se aliaram aos americanos, conseguiram se cacifar e estabeleceram em 1992 o Kurdistan Regional Government (KRG), um governo autônomo, no norte do Iraque.

Na Turquia, a resistência curda contra a opressão do governo deu um salto com a criação do PKK, o Partido dos Trabalhadores Curdos, em 1978. Tratava-se de um grupo revolucionário curdo de ideologia marxista, que pregava a fundação de um Curdistão independente e comunista. Nos anos 1980 e 1990, o PKK travou uma guerrilha no sudeste da Turquia, atingindo também Istambul e outros locais turísticos, com sequestros, assassinatos e atentados à bomba. Milhares de pessoas foram assassinadas. Paralelamente à guerrilha armada, o grupo promovia eventos culturais e assistenciais para a comunidade curda na Turquia. O governo turco respondeu com repressão brutal contra o PKK e contra civis curdos, ocupando militarmente cidades no sudeste da Turquia.

O fundador e líder carismático do PKK é Abdullah Öcalan, chamado de Apo por seus apoiadores. As bandeiras e fotos de Apo são onipresentes nas regiões curdas da Turquia e no norte da Síria. Soldados costuram em seus uniformes insígnias com a foto de Öcalan. Todos carregam livrinhos de autoria do líder do PKK.

Em 1979, Öcalan fugiu para o vale do Beca, em território libanês mas à época sob controle sírio, onde estabeleceu sua base de treinamento de guerrilheiros. O líder do PKK passaria dezoito anos se escondendo na Síria, sob a proteção de Hafez e, posteriormente, de Bashar al-Assad. Enquanto reprimia os curdos sírios no norte do país, Assad armava e dava treinamento aos curdos do PKK como forma de provocar a Turquia. Muitos dos militantes do PKK eram recrutados no norte da Síria para lutar contra o governo turco e houve sempre ligação estreita entre o grupo e os curdos sírios. O nome do irmão de Barzan é homenagem ao líder do PKK.

Desde 1979, a Turquia considera o PKK uma organização terrorista. Em 2003, a Otan, da qual a Turquia faz parte, também incluiu o PKK em sua lista de patrocinadores de terrorismo. Um ano antes, os Estados Unidos e a União Europeia fizeram o mesmo.

Os curdos na Síria acompanharam atentamente a invasão do Iraque pelos Estados Unidos, em 2003, a queda de Saddam Hussein e a declaração de autonomia dos curdos no chamado Curdistão iraquiano. As insatisfações com o regime e com a posição subalterna dos curdos na Síria começavam a fermentar.

Em 12 de março de 2004, às 13h, torcedores se preparavam para assistir a um jogo de futebol no estádio de Al-Qamishli, cidade predominantemente curda no nordeste da Síria. Torcedores árabes chegavam com faixas e cartazes com slogans a favor de Saddam Hussein e contra os curdos. Os curdos, em resposta, gritavam slogans a favor dos líderes curdos do Iraque e de George W. Bush. Os dois lados começaram a brigar, a polícia cercou o estádio e atirou contra a multidão. Sete curdos foram mortos.

Depois do massacre, protestos se espalharam pelas principais cidades curdas no norte da Síria e em Damasco. Prédios do governo foram queimados e atacados. Estátuas e retratos de Hafez al-Assad foram destruídos pelos manifestantes. No dia seguinte, quase 100 mil curdos saíram pelas ruas de Al-Qamishli carregando os corpos dos mortos. A polícia abriu fogo contra a multidão. Mais cinco morreram.

Nos dias que se seguiram, pelo menos mais 36 pessoas foram mortas e 160 feridas em choques com a polícia. Cerca de 2 mil foram presas, segundo a Anistia Internacional. A condenação máxima para esses assim chamados traidores era a pena de morte por "agressão com vistas a instigar uma guerra civil e a luta sectária".

A maioria ficou presa em locais secretos, incomunicável e sofrendo maus-tratos. Presos relataram à Anistia Internacional terem sido espancados com bambus e cassetetes e açoitados com chicotes e cabos. Muitos tiveram ossos e dentes quebrados, levaram choques (inclusive no pênis), tiveram unhas arrancadas e sofreram queimaduras de cigarro em todo o corpo.

Quando sírios em várias cidades tomaram as ruas em 15 de março de 2011 para protestar contra o governo de Bashar al-Assad, que havia torturado um grupo de crianças em Daraa, os curdos estavam escaldados. "Em 2004, nós, curdos, nos levantamos contra o regime, mas cometemos muitos erros. Não estávamos organizados. Muitos foram mortos", lembra Barzan. "Não queríamos repetir esses erros."

A situação dos curdos era diferente da população árabe oprimida por Assad. Os curdos achavam que a oposição, caso derrubasse Assad e assumisse o poder após a revolução, também não respeitaria os direitos e a autonomia dos curdos. Para o irmão de Barzan, Öcalan, o problema não era quem seria o presidente ou o ditador. Ao longo dos anos, os curdos haviam passado por diferentes ditadores, foram governados pelos franceses, e a situação deles não tinha melhorado. Os curdos precisavam se autogovernar para garantir o respeito aos seus direitos básicos.

Em 28 de abril de 2011, os curdos fizeram seu primeiro grande protesto contra o regime, em Kobane. Salih Muslim, copresidente do PYD, o partido com maior poder nas áreas curdas, foi a Kobane naquela época e vaticinou: "em meio à revolução do Oriente Médio, haverá uma revolução curda".

Os curdos pediram à oposição que reconhecesse a nação curda e prometeram ajudá-la contra o regime. "Mas a oposição se recusou a reconhecer nossa autonomia e entendemos que não havia diferença entre o regime e a oposição", me disse Öcalan. Nem Assad nem a oposição queriam herdar uma Síria sem a rica área curda, que possui petróleo em abundância e uma grande produção agrícola. "Resolvemos ser a terceira via, seguir um caminho independente." O plano dos curdos era se organizar, criar uma milícia armada, a YPG, e ficar longe da guerra entre os árabes sunitas e os alauitas na Síria.

Em 2012, um ano depois do início da guerra na Síria, as tropas do ditador Bashar al-Assad recuaram das áreas curdas no norte da Síria. As forças de Assad se viam cada vez mais sufocadas pelos ataques da oposição e de extremistas perto de Damasco e no litoral.

Assad firmou um acordo tácito de não agressão com os curdos. O Exército sírio praticamente desapareceu das regiões curdas para se concentrar nas áreas sob maior ameaça. As regiões curdas escaparam dos ataques aéreos de Assad, que mataram dezenas de milhares nos redutos da oposição. As forças sírias ainda estavam presentes em cidades curdas como Al-Qamishli e Al-Hasakah, mas havia poucos homens, que evitavam conflito com os curdos.

A chamada Revolução de Rojava foi realizada sem que um tiro fosse disparado. "No dia 19 de julho, cercamos todos os locais com presença do regime aqui em Kobane, prendemos os soldados do Exército sírio e os deixamos na fronteira de Raqqa. Então liberamos a cidade", lembra Öcalan. O 19 de julho passou a ser feriado no norte da Síria.

Nos dias que se seguiram, a YPG expulsou soldados do regime de várias cidades e vilarejos. Pela primeira vez em quatro anos, Barzan pôde voltar a Kobane e ver sua família.

Um país para um povo

O clima era de euforia. Após anos amordaçados por Assad, os curdos podiam finalmente ser curdos. Sem as amarras do Estado sírio, eles começaram a montar seu governo em Rojava, com cotas em cargos públicos de participação para mulheres e para minorias étnicas e religiosas.

Teoricamente, Rojava — que significa tanto oeste como pôr do sol em kurmanji e corresponde a uma área de cerca de 3 mil quilômetros quadrados, aproximadamente do tamanho da Bélgica, com 4 milhões de habitantes, na maioria curdos — ainda era parte da Síria. Na prática, os curdos se autogovernavam: liderados pelo PYD, o Partido Curdo da União Democrática, ligado ao PKK turco, criaram um exército (o masculino, YPG; e o feminino, YPJ), asfaltaram ruas, passaram a mandar em suas cidades.

A inspiração para o governo de Rojava vinha dos escritos de Abdullah Öcalan, fundador e líder do PKK. Inspirado pelo "libertarianismo municipalista" do anarquista americano Murray Bookchin, Öcalan criou o "confederalismo democrático" que vinha sendo aplicado em Rojava. O governo era composto de uma série de conselhos locais dos quais participava a maior parte da população de Rojava. Todos, inclusive adolescentes, podiam participar do conselho mais próximo de sua casa. Os conselhos tratavam de qualquer tema — desde a autorização para os policiais andarem armados na cidade até sobre o número de horas de aula nas escolas — e votavam. As decisões eram por consenso.

Todos os órgãos do governo precisavam ter uma representação proporcional das comunidades étnicas do cantão — se havia uma minoria assíria, ou armênia, ela precisava estar representada. As vagas em comitês e em órgãos administrativos de Rojava eram distribuídas de forma igualitária: 40% para homens, 40% para mulheres e 20% para os mais votados, independentemente do gênero. Todos os ministérios tinham dois coministros, um homem e uma mulher. O PYD tinha dois copresidentes.

Segundo Bruno Lima Rocha, professor de relações internacionais da Unisinos que acompanhou o confederalismo curdo por anos, Rojava implementou uma democracia semidireta, que permite às maiorias tomarem conta de suas vidas a partir da escala municipal. A nova Constituição — chamada de contrato social — era muito progressista. Estabelecia, entre outras questões, que todos tinham o direito de "viver em um ambiente saudável, baseado no equilíbrio ecológico", que "as mulheres têm o direito inviolável de participar na vida cultural, social, econômica e política", pregava a "igualdade para as mulheres" e instruía "instituições públicas a trabalhar para eliminar a discriminação por gênero". A Constituição proibia o trabalho infantil e a perseguição religiosa. O governo criou ainda um jornal e uma rede de televisão, com toda a transmissão em kurmanji, em vez de árabe, e sem censura do governo sírio.

Após a revolução, as áreas curdas passaram por um ciclo de expansão econômica e imobiliária. Muitos curdos que viviam no exterior voltaram para Rojava e passaram a investir na região. O cantão de Afrin, que antes tinha apenas fábricas de azeite, passou a ter fábricas de sabão, de materiais de construção, sapatos, tecelagens e processamento de mármore. Em Kobane, viam-se obras por todo o lado — finalmente, os curdos podiam construir livremente. Um dos maiores orgulhos era o novo hospital.

A alegria, no entanto, durou pouco. As forças do regime haviam se retirado, mas os oposicionistas do Exército Livre da Síria (ELS), instigados pelos turcos, começaram a pressionar o governo de Rojava. Em 2013, os curdos passaram a ser atacados também por extremistas islâmicos. Primeiro foram os militantes da Frente Al-Nusra, facção ligada à Al-Qaeda. Depois, o EI ganhou controle de várias áreas na Síria que antes estavam sob poder da Al-Nusra ou do ELS.

O EI acusava os curdos de serem *kaffir* (infiéis) e afirmava que precisava liberar Kobane dos ateus curdos. Acima de tudo, no entanto, Kobane era um alvo estratégico. A cidade tinha sido o berço da Revolução de Rojava, e oferecia um ponto importante de passagem para os militantes do EI na fronteira da Turquia, de onde recebiam dinheiro, armas e jihadistas. Por meses, o Ocidente ignorou a ofensiva dos extremistas sobre os curdos. Para a oposição síria, os curdos estavam aliados a Assad. Salih Muslim, copresidente do PYD, no entanto, insistia no fato de que os curdos sírios não apoiavam nem o governo Assad nem a oposição. Estavam apenas tentando se proteger de massacres e da limpeza étnica.[19]

O EI começou a se aproximar da cidade de Kobane em março de 2014. No dia 15 de setembro, os combatentes iniciaram a ofensiva para tomar Ayn al-Arab, como chamavam Kobane. "Eles vinham com armas muito poderosas, que nunca tínhamos visto", lembra Öcalan. Poucos meses antes, em junho, o EI ocupara facilmente Mossul, a segunda maior cidade do Iraque. A reação do Exército iraquiano foi um vexame. Juntos, polícia e Exército

Soldados da YPG disparam míssil contra o Estado Islâmico durante o cerco a Kobane, em 5 de novembro de 2014. A oposição se intensificou após a chegada, no início do mês, de tropas do Exército Livre da Síria e de combatentes *peshmerga* do curdistão iraquiano.

Atirador da YPG, em novembro de 2014. Criada em 2004, como braço armado do Partido da União Democrática, a YPG tornou-se a principal milícia curda na Síria durante a Guerra Civil.

Crianças brincam com destroços na cidade devastada durante o cerco a Kobane, em novembro de 2014. No segundo mês do cerco, a maioria dos habitantes havia deixado a cidade; os que permaneceram tiveram que se acostumar a uma rotina de fogo cruzado e bombardeios.

Explosões em Kobane, em novembro de 2014. A batalha pela cidade estreitou as relações entre a YPG e as forças da coalizão lideradas pelos Estados Unidos.

Barzan com crianças em Kobane, em 12 de novembro de 2014. Esta imagem viralizou na internet após o presidente da Turquia, Recep Tayyip Erdoğan, ter rejeitado uma intervenção estrangeira na região alegando que já não havia civis em Kobane. Para os curdos sírios, Erdoğan temia que o movimento por autonomia curda se espalhasse para a Turquia.

Vista de Kobane dois anos após o cerco, em março de 2016. Segundo estimativas da ONU, mais de 3200 edificações, o equivalente a 80% da cidade, foram destruídas ou danificadas durante os quatro meses de batalha pela cidade.

Öcalan Iso, à época vice-ministro da Defesa e comandante da YPG, em prédio atingido por bombardeio aéreo em Kobane, em março de 2016.

Homem mostra ossos humanos em Kobane, em março 2016. Estima-se que a batalha pela cidade tenha deixado mais de 3 mil combatentes mortos de ambos os lados, e forçado mais de 300 mil civis a se refugiarem na Turquia.

Apesar das promessas de auxílio internacional para a reconstrução, a administração e a população local dependeram de doações privadas de membros da diáspora curda para restabelecer a infraestrutura de Kobane. A situação da cidade após o cerco do EI é complicada pela persistência da Guerra Civil síria e pela deterioração das relações com o governo turco.

Raushan, Barzan e um amigo durante o cerco a Kobane, em dezembro de 2014. "Nos primeiros dois dias estávamos apavorados, mas depois que dois tetos caíram na nossa cabeça, a gente se acostumou", relatou Raushan.

Raushan e Barzan documentando ataques do Estado Islâmico durante o cerco a Kobane, em 2014.

Barzan, Raushan e soldados da YPG durante o cerco, em outubro de 2014. No começo de outubro, o EI controlava 350 vilarejos ao redor de Kobane e boa parte da cidade. À medida que os extremistas avançavam, deixavam seu rastro de violência — soldados capturados eram decapitados, civis eram estupradas e mutiladas.

Em sua segunda viagem a Kobane, Patrícia Campos Mello colhe depoimentos de Öcalan e Barzan Iso. A declaração de autonomia pelos curdos do norte da Síria em março de 2016 elevou as tensões com o governo turco, gerando incertezas sobre o futuro para os habitantes de uma cidade que ainda se recupera do cerco do Estado Islâmico.

iraquianos tinham 52 mil homens em Mossul. O comandante das forças iraquianas na região desertou, assim como os líderes de seis divisões. Os soldados iraquianos jogaram fora suas armas e saíram correndo. Humoristas locais chegaram a fazer piada com o Exército do Iraque (em inglês: Iraq — I Ran Away Quickly).[20]

E os iraquianos deixaram para trás os armamentos modernos — blindados, fuzis, mísseis — que o governo norte-americano havia fornecido na tentativa de reestruturar o Exército do país. Era esse o arsenal que os jihadistas usavam agora na Síria. Tinham tanques de guerra, Humvees — os caminhões militares americanos —, fuzis M16, mísseis.

Cerca de 3 mil jihadistas avançaram em direção a Kobane. Uma carta da administração do cantão alertava para o massacre iminente:[21]

> Os terroristas do EI são inimigos da humanidade e de nossos valores de democracia, paz, pluralismo e solidariedade. O EI representa uma cultura de morte e destruição e comete crimes abomináveis como a decapitação de civis. Acreditamos que é preciso deter esse grupo assassino de qualquer maneira, e aqueles que os financiam e os apoiam precisam ser responsabilizados. Ao protegerem Kobane, as forças estão defendendo os valores humanos que nos unem. Kobane vai continuar resistindo e pede ajuda a todos que acreditam nos valores da humanidade. Os soldados de Kobane estão desempenhando um papel histórico ao lutar contra as forças do mal e eles precisam de apoio do mundo civilizado. Está claro que a queda de Kobane seria um grande golpe para a paz, a democracia e o progresso ao redor do mundo. Nós, em Kobane, agradecemos o apoio de vocês enquanto lutamos pela sobrevivência do nosso experimento democrático.

Em artigo para o jornal inglês *The Guardian*, o antropólogo norte-americano David Graeber comparou a luta dos curdos contra o EI na Síria à Guerra Civil Espanhola:

> A região autônoma de Rojava é um dos poucos pontos positivos a emergir da tragédia da revolução síria. Tendo expulsado os agentes do regime de Assad em 2011, e apesar da hostilidade de quase todos os seus vizinhos, Rojava não apenas manteve sua independência, mas também está implementando um experimento democrático notável.[22]

Para Graeber, da mesma maneira que o mundo tinha ignorado os revolucionários espanhóis nos anos 1930, enquanto os fascistas se fortaleciam, o Ocidente agora se omite na luta entre os curdos de Rojava e os obscurantistas do EI.

Estou começando a me apaixonar

Era 2 de abril de 2014 e eles estavam separados por 2500 quilômetros: Raushan em seu microquarto na gelada Rybinsk, na Rússia, e Barzan em seu apartamento alugado, no centro de Istambul, na Turquia. Não se conheciam. Nunca tinham se visto. Não tinham nenhum amigo em comum.

Passeando pelo Facebook, Raushan deparou com uma declaração que achou muito irritante. Dizia um jornalista de um canal de televisão sírio: "Todas as mulheres são mentirosas, não se pode confiar nelas; os homens precisam ser fortes e agressivos".

Era muito machismo, Raushan não podia acreditar. Logo abaixo, um sujeito fazia um comentário: "Não quero ter gente que não respeita as mulheres na minha lista de amigos. Você não merece meu respeito e não representa os ideais da revolução na Síria. Vou te bloquear".

Raushan achou sensacional e mandou uma mensagem para o sujeito, cuja foto de perfil em preto e branco mostrava olhos bonitos e um cabelo bagunçado charmoso. "Parabéns pelo ótimo comentário e por defender as mulheres." Ele respondeu com uma palavra: "OBRIGADO".

Vinte dias depois, viu por acaso na mesma rede social que o sujeito dos olhos bonitos ia participar de um programa da Orient TV, canal ligado à oposição a Assad, naquela noite. Decidiu assistir. Saiu correndo do trabalho, tomou um banho e ligou o computador para ver o programa ao vivo pela internet.

Barzan Iso discutia a ofensiva das tropas curdas sírias contra extremistas islâmicos que se aproximavam da região de Kobane, na Síria. Membros de grupos terroristas como o Estado Islâmico e facções ligadas à Al-Qaeda estavam atacando áreas curdas no norte do país. O apresentador do programa afirmava que os curdos estavam investindo contra forças de oposição ao ditador Bashar al-Assad e, portanto, defendiam o regime ditatorial. Se atacavam os inimigos de Assad, eram necessariamente amigos do ditador sírio.

Barzan rebatia, dizendo que os curdos não estavam atacando a oposição moderada a Assad. O alvo das tropas curdas eram os terroristas da frente Al-Nusra, ligada à Al-Qaeda, e do EI. Esses militantes também se opunham a Assad, mas eram extremistas e estavam avançando sobre territórios curdos.

No programa de televisão, Barzan falava de forma firme, parecia bravo, muito confiante. "Assisti ao seu programa, achei muito boas suas análises políticas sobre a Síria", Raushan escreveu para ele.

Barzan deu uma espiada no perfil dela, todo cor-de-rosa, cheio de fotos com gatos e borboletas. Ficou intrigado: por que essa menina curda, toda cor-de-rosa, se interessaria por temas políticos?

Dessa vez, Barzan não foi econômico nas palavras. Respondeu com uma longa mensagem que deu início a uma conversa, à uma da manhã. Conversaram sobre suas famílias. Raushan contou que era de Afrin, onde ainda viviam seus pais. Barzan falou sobre as saudades que sentia de Kobane e de seu ativismo em Rojava. Agora que a situação parecia estar um pouco melhor no norte do país, ele conseguia passar temporadas com sua família na Síria. Mas mantinha seu apartamento na Turquia.

Depois de duas horas digitando, passaram para o Viber e depois para o Skype. Passaram a noite inteira conversando por videoconferência.

Às nove da manhã Raushan teve de sair. Estava acabada. Mas havia prometido servir de intérprete para uma refugiada síria que precisava ir ao hospital. Raushan domina o russo e o árabe perfeitamente. Depois da consulta, foi correndo para casa e abriu o Skype de novo. Raushan tinha acabado de retomar o papo por Skype com Barzan, quando sua avó aparece na porta do quarto.

"O que está acontecendo? Faz horas que você está aí nesse computador estúpido, o que houve?"

"Não é nada não, não se preocupe, vó."

No início, Barzan falava em kurmanji e Raushan respondia em árabe. Porque, além de estarem muito distantes, eles tinham sotaques diferentes por serem de cantões distintos. Era como se um fosse de Portugal e o outro, do Brasil. Um falava comboio, outro dizia trem. Aos poucos viram que se entendiam e passaram para o kurmanji.

Barzan e Raushan papearam por horas. Música, política, amigos, Síria, Rússia, Turquia, as tradições em Kobane e Afrin, as diferenças de cada lugar. Quando anoiteceu, Barzan disse: "*Raushan, Ez dest pe dikim ji te hesbikim* (acho que estou começando a me apaixonar)...".

Ela achou que ele era maluco e começou a rir. Ao mesmo tempo, sentiu um frio na barriga. As coisas estavam acontecendo tão rápido. Ela tinha acabado de conhecer o sujeito dos olhos bonitos, e pela internet! E se ele fosse um desses malucos que fingem ser outra pessoa?

Passaram a se falar todos os dias, por Viber e Skype. Nunca ficavam sem assunto. Raushan dormia só cinco horas por noite, porque conversava com ele todos os dias até as duas, três da manhã, e precisava acordar cedo para trabalhar. Já Barzan tinha horário flexível, porque estava fazendo um documentário sobre a criação de Rojava.

A avó de Raushan ficava cada vez mais intrigada. Chegava à porta do quarto de Raushan e dizia: "Você está falando com o seu pai? Ou é algum namorado? Você tem um namorado?". E Raushan respondia, rindo: "Não posso falar. Você vai conhecê-lo em algum momento...".

Esse encontro acabaria ocorrendo mais cedo do que ela imaginava. Certo dia, Raushan foi ao mercadinho e deixou o Skype aberto. A avó foi xeretar no quarto dela e deu de cara com Barzan na tela do computador. "Olá", disse Barzan, em russo. "Olá", respondeu a avó. Conversaram por alguns instantes. A avó perguntou onde estava Raushan e Barzan respondeu que ela fora fazer compras, gastando ali todo o russo que ele sabia. A avó ficou impressionada, e disse mais tarde à neta: "Aposto que ele sabe falar russo perfeitamente e está fingindo que não sabe". Raushan riu.

Ele logo arrumou um trabalho para Raushan na revolução como voluntária na agência curda de notícias sobre a Síria, traduzindo reportagens em kurmanji e árabe para o russo. Enquanto atendia os clientes na loja de telefones, ela ia traduzindo as matérias e mandando para o seu chefe em Moscou, outro curdo no exílio.

Barzan brincou que ela precisava aprender mais sobre Rojava, o país que os curdos tentavam criar no norte da Síria, em um curso presencial com ele, em Istambul. Com a desculpa do curso, no dia 12 de março, duas semanas depois do primeiro contato pelo Facebook, Raushan e Barzan se conheceram pessoalmente, na área de desembarques do aeroporto Atatürk de Istambul.

O avião de Moscou pousou e as pessoas começaram a sair na área de desembarque internacional. Eram todas "muito brancas, muito russas, muito velhas e muito gordas", pensou Barzan. Ele estava tenso, não sabia o que ia sentir ao vê-la ao vivo. Na vida real as pessoas são muito diferentes.

Finalmente Raushan apareceu. Vestia calça preta e jaqueta cinza, e botas de cano curto com um salto de quase dez centímetros. Não tinha penteado os cabelos e quase não usava maquiagem. Levava uma mala do tipo que se usava na antiga União Soviética, quadrada e rígida, marrom, não era nem muito russa, nem muito velha.

Barzan olhou para Raushan e sentiu um nervoso, uma dor de estômago. Cumprimentaram-se como amigos que já tiveram uma escapadela romântica e estão um pouco constrangidos. Sorriram, mas logo desviaram o olhar, fitando o chão. Barzan carregou a mala de Raushan.

Ele chegou sem flores, obedecendo às ordens que havia recebido: Raushan havia dito que não ia se sentir confortável se ele chegasse com flores no primeiro encontro deles, o momento decidiria se ficariam juntos ou se seriam apenas amigos. No período curto mas intenso em que haviam travado amizade via internet, Barzan já pudera perceber que Raushan era bastante mandona, tendo escolhido para ela um apelido carinhoso e, para cidadãos do país governado por Assad, um tanto provocador: "minha ditadora".

Pegaram o metrô até o apartamento de Barzan. Dentro do vagão, Raushan olhou muito tempo para o rosto dele e ficou surpresa ao notar nele alguns cabelos brancos. Observava aquele desconhecido e pensava — "como é lindo".

O primeiro beijo demorou doze horas para acontecer.

Raushan passou cinco dias em Istambul e voltou para a neve de Rybinsk. Mas, depois desse primeiro encontro, a comunicação por Skype e Viber se intensificou ainda mais — os dois planejavam o futuro, que viria a galope. Era tudo bastante moderno, namoro pelo Facebook, juras de amor pelo Skype; mas algumas coisas ainda seguiam o roteiro tradicional. Raushan disse que ele precisava conhecer os pais dela. Não podiam continuar o namoro sem que Barzan encontrasse pessoalmente os sogros. Não era o caso de pedir autorização ao pai dela para o namoro, mas Raushan se importava muito com a opinião dos pais, gostaria de ter alguma chancela deles para esse relacionamento maluco.

Os pais de Raushan tinham uma viagem marcada para Rybinsk em meados de abril, para visitar a família. Fizeram uma escala de algumas horas em Istambul. Barzan buscou-os no aeroporto e os levou para conhecer um pouco da cidade. Foram para o bairro de Florya passear na orla do mar de Mármara. Olhavam para a praia cheia de guarda-sóis enfileirados e o mar coalhado de iates. Tudo parecia tão distante da incerteza síria e do frio russo.

Barzan tinha aquele estilo "político do interior", muito simpático e sorridente, ouvia com atenção o que as pessoas falavam e guardava nomes e detalhes. Fazia as pessoas se sentirem importantes.

Ia enviando para Raushan fotos dos pais dela. Ela ligava a cada dez minutos, para ver como estava indo o passeio e para falar com a mãe. Ele brincou dizendo que estava fazendo transmissão ao vivo do encontro com os sogros.

"Seu pai gostou dele", disse a mãe de Raushan. "Os dois se deram bem." Raushan ficou aliviada.

Decidiram começar a planejar o casamento. As coisas estavam mais calmas na Síria, especialmente em Rojava. Havia o perigo dos extremistas, que estavam avançando. Mas mesmo assim, finalmente, construía-se um país para os curdos. Eles precisavam voltar para casa.

Para Raushan, seria uma reviravolta. Até então, ela via a guerra só pela televisão. Barzan sempre vivera perto do front, indo e voltando da Síria para a Turquia, participando de reuniões políticas, planejando um país para os curdos, fazendo bicos como *fixer* para jornalistas estrangeiros. Mas casar seria uma revolução. Barzan era do tipo que enfileirava namoradas. Gostava de variar e, quando um relacionamento começava a ficar sério, pulava fora. Sua família o pressionava para casar; afinal, ele já tinha 31 anos. Ele precisava encontrar uma boa noiva, e ela precisava ser curda.

Barzan queria morar em Kobane. Era lá que ele tinha nascido, sua família estava na cidade, e tudo parecia estar melhorando. Era seu dever voltar para casa e ajudar a construir uma nação curda após esses anos todos. Raushan não pensou muito no perigo. Ela simplesmente queria estar com Barzan, encasquetou que ficariam juntos fosse onde fosse.

No dia 9 de setembro de 2014, em Diyarbakir, a capital não oficial do território curdo na Turquia, Raushan e Barzan se casaram, ou melhor, decretaram-se casados. Sendo estrangeiros vivendo ilegalmente no país, não podiam se casar oficialmente. Na Síria também era impossível oficializar a união, porque, no meio da guerra, não havia repartições públicas que pudessem fazer isso.

Barzan simplesmente ligou para o pai de Raushan pelo Skype e pediu a mão dela, um dia antes de ela chegar à Turquia. "Eu decidi me casar com sua filha e ela está vindo para cá amanhã", informou. "O.k., se vocês decidiram, estão está decidido. Sejam felizes, de agora em diante ela pertence a você."

Recém-declarados casados, os dois foram encontrar com os pais de Raushan em Afrin. A ideia era ficar lá uma semana, e seguir para Kobane.

No dia 16 de setembro de 2014, os curdos da Síria divulgaram um comunicado para as agências de notícias internacionais. Os extremistas do EI se aproximavam de Kobane. A cidade havia se armado, mas era um exército de civis sem treinamento, com armamentos precários. "Kobane pode ser a próxima Sinjar", alertavam.

Mais de 5 mil pessoas haviam morrido, um mês antes, na região de Sinjar, no Iraque. Milhares de mulheres tinham sido capturadas pelo Estado Islâmico e eram mantidas como escravas sexuais.

Uma noite, Raushan estava jantando com os seus pais e com Barzan, quando teve um pressentimento. Achou que alguma coisa errada estava acontecendo em Kobane e pediu a Barzan que ligasse para a sua família. "Não se preocupe, está tudo bem", disse Barzan. Raushan insistiu. Barzan subiu as escadas para fazer a ligação. Pouco tempo depois, voltou para a sala de jantar. Estava lívido e tremia. "O Estado Islâmico entrou em Kobane e minha família fugiu para a fronteira." A fronteira com a Turquia fica a menos de três quilômetros do centro da cidade de Kobane. "Se o Estado Islâmico chegar à fronteira, vai ser um massacre." Barzan passou a noite em claro.

No dia seguinte, partiram para Kobane. O plano de voltar à sua cidade natal vinha amadurecendo na cabeça de Barzan havia algum tempo.

Desde 2012, extremistas do grupo Frente Al-Nusra, ligado à Al-Qaeda, vinham atacando cidades curdas no norte da Síria. Depois, os ataques passaram a ser perpetrados pelo Estado Islâmico, que afinal era apenas uma ramificação da Al-Nusra. Ambos os grupos tinham origem na Al-Qaeda de Bin Laden. Para Barzan, eram todos iguais: combatentes barbudos violentos que consideravam os curdos hereges e que nunca permitiriam que Raushan saísse de casa sem estar inteiramente coberta pelo *niqab*. Trabalhar numa loja de telefones então, nem pensar. Muito menos namorar pelo Facebook. Eram heresias punidas com a morte. Uma ditadura religiosa substituiria uma tirania secular.

No dia 2 de julho, o Estado Islâmico começou a cercar Kobane, cantão formado por 384 vilarejos, além da capital de mesmo nome, a terceira maior cidade de maioria curda na Síria, depois de Al-Qamishli e Afrin. O cantão tem população de cerca de 460 mil pessoas. Os extremistas já haviam tomado mais de quarenta vilarejos do cantão. Cem cidadezinhas tinham sido evacuadas. Estavam a trinta quilômetros da capital.

Centenas de pessoas fugiram em direção à fronteira com a Turquia. O governo turco bloqueava a entrada, com o pretexto de que precisava ser cuidadoso para não deixar que extremistas inadvertidamente entrassem no país — os mesmos extremistas que circulavam livremente na Turquia, sem ser incomodados.

Inúmeras famílias se amontoavam perto das cercas e dos campos minados da fronteira, com todos os seus pertences, gado, ovelhas, carros. Ao longo da cerca, havia uma faixa de terreno com várias minas terrestres. Muitos morriam ao pisar em explosivos.

Era uma luta desproporcional. O Estado Islâmico atacava com tanques, Humvees, metralhadoras pesadas DShK e muitas armas automáticas. As milícias curdas tinham apenas fuzis Kalashnikov e granadas caseiras.

A Kalashnikov, também conhecida como AK-47 ou, afetuosamente, AK, é a proverbial arma dos pobres. Foi criada pelo sargento soviético Mikhail Kalashnikov, em 1947. Desde então, foi usada por sucessões de exércitos mal equipados lutando guerras intermináveis nos cantos mais desgraçados do mundo. Sua vantagem? É resistente, fácil de usar e de consertar. Feita de apenas oito peças, pode ser montada até por crianças (e frequentemente é usada por crianças-soldados). Ou pelos soldados curdos, muitos dos quais não tinham nenhum treino militar — eram civis que haviam acabado de pegar em armas para salvar seus vilarejos.

Os comandantes das milícias de autodefesa curda pediam uma intervenção internacional: queriam armas e ataques aéreos para resistir à investida do EI.

Na noite de 8 de julho, o EI realizou dois grandes ataques perto de Kobane. Dez soldados da YPG morreram, dentre eles Muhamed Sheikh, primo de Barzan. Ele tinha 41 anos e cinco filhos. Barzan ficou ainda mais convicto. Precisava voltar para casa. Ele conhecia grande parte das pessoas que estavam lutando. Muitos amigos haviam morrido. Acima de tudo, Barzan tinha muito medo de que algo acontecesse com seu irmão, Öcalan, comandante da YPG em Kobane e responsável pela logística da milícia — garantia que a comida e as armas chegassem até os soldados, e também lutava na linha de frente. Barzan se lembrava de quando seu irmão vira a morte de perto. Em julho de 2013, Öcalan foi atingido por um atirador da Frente Al-Nusra, perto da cidade de Tell Abyad. A bala entrou pela boca e se alojou no pescoço. Ele ficou mais de um mês no hospital. Se a bala tivesse penetrado alguns centímetros a mais, Öcalan teria morrido ou ficado tetraplégico.

Naquele fim de setembro, quando Barzan e Raushan partiram de Afrin para Kobane, as duas cidades estavam incomunicáveis, separadas por uma faixa de território infestada de extremistas. Para chegarem a Kobane, os dois tiveram que tomar o caminho mais longo, pela Turquia.

Quando chegaram perto da fronteira, o cenário era desolador. Um carro-bomba tinha explodido ali dois dias antes, deixando árvores queimadas e casas destruídas. Tudo tinha mudado. Era como se Barzan não tivesse mais nada. Sua família tinha fugido de Kobane, deixando para trás a fábrica de pão, a casa, os amigos, as memórias. Apenas um de seus irmãos ficara. Barzan não podia assistir inerte à destruição de seu passado.

Se Kobane caísse, não seria simplesmente mais uma cidade síria a ser tomada pelos fanáticos do Estado Islâmico. Era o berço da Revolução de Rojava, símbolo da luta pela autonomia dos curdos da Síria. Era triste pensar que os curdos tinham se livrado do ditador Assad para cair nas garras dos extremistas religiosos do Estado Islâmico.

A eclosão do Estado Islâmico

Os ataques de 11 de setembro de 2001 revelaram de forma chocante a vulnerabilidade dos Estados Unidos a um atentado terrorista. Se os terroristas podiam derrubar dois prédios em plena Nova York, qualquer coisa podia acontecer.

Na geração da minha mãe, todo mundo se lembra de onde estava e o que fazia na hora em que o ex-presidente John F. Kennedy foi assassinado em Dallas, em 1963. Na minha geração, todo mundo se lembra do exato momento em que soube do maior ataque terrorista em solo americano até hoje, arquitetado pelo líder da Al-Qaeda, o saudita Osama bin Laden, e um de seus mais altos comandantes, o paquistanês Khalid Sheikh Mohammed.

Apesar da ousadia de seus ataques em solo estrangeiro — depois do ataque do Onze de Setembro, seguiram-se outros como o de Madri, em 2004, com 190 mortos —, a Al-Qaeda nunca teve a pretensão de criar um país, uma comunidade muçulmana governada pela facção. Mas o Estado Islâmico nasceu com o propósito de criar uma nação islâmica.

Abu Bakr al-Baghdadi, fundador do Estado Islâmico, era o líder das operações da Al-Qaeda no Iraque. Baghdadi tinha anseios mais ousados. Ele queria recriar o mundo islâmico em seu apogeu, como era no século VIII. Pretendia conquistar territórios e instaurar um califado unindo milhões de muçulmanos.

Em julho de 2012, Baghdadi declarou que o Estado sírio deveria ser apagado do mapa. Conclamava todos a "adotar a Xaria e unir a *ummah*[23] ao se demolirem as fronteiras impostas pelo acordo de Sykes-Picot". "Vamos acabar com o nacionalismo nojento e o patriotismo odioso, trazendo de volta o Estado Islâmico, um Estado que não reconhece fronteiras artificiais e não acredita em nenhuma nacionalidade a não ser o islã."

À época, pareceu apenas mais uma bravata de um entre incontáveis grupos terroristas no Oriente Médio. Mas pouco tempo depois, o grupo de Baghdadi, a Al-Qaeda no Iraque, iria romper com o grupo de Bin Laden e fundar uma nova organização — o Estado Islâmico.

Quem era, afinal, Baghdadi? Quando morava em Bagdá, o iraquiano Ibrahim Awwad Ibrahim Ali al-Badri al-Samarrai montou um time de futebol para os frequentadores da mesquita onde trabalhava. Ele jogava bem e costumava fazer piada com os amigos, dizendo que era o "Maradona do Iraque".

Dizem que Al-Badri continua fã de futebol, mas ficou conhecido apenas por seu nome de guerra, Abu Bakr al-Baghdadi. Abu Bakr foi o sogro de Maomé que o substituiu após sua morte, tornando-se o primeiro califa. Al-Baghdadi significa "aquele que vem de Bagdá".

A vida do líder Baghdadi era cercada de sigilo. Apenas seus colaboradores mais próximos já o haviam encontrado pessoalmente. Muitos só tinham visto Baghdadi com o rosto coberto por um pano.

Baghdadi nasceu em 1971 em uma família de classe média

baixa em Samarra, cidade 125 quilômetros ao norte de Bagdá. Era o mais novo de três irmãos. O pai era clérigo e ensinava o Alcorão, o livro sagrado do islamismo. Baghdadi era uma criança quieta, retraída e estudiosa.[24] Ele e a família se mudaram para Bagdá em 1989. Lá, Baghdadi trabalhou em uma mesquita, fez graduação e mestrado em estudos islâmicos na Universidade Saddam para Estudos Islâmicos e doutorado em *tajwid*, a disciplina que trata das regras de pronúncia das letras e palavras árabes ao se recitar o Alcorão. Para os muçulmanos, o Alcorão é a voz de Alá, revelada pelo profeta Maomé para toda a humanidade, e a mensagem de Deus só é transmitida de maneira fiel se o Alcorão for lido com a pronúncia, ênfase e pausa corretas.

Logo após a invasão norte-americana no Iraque, em 2003, Al-Baghdadi começou a atuar em um grupo militante islâmico fundado pelo jordaniano Abu Musab al-Zarqawi. No fim de janeiro de 2004, ele foi capturado pelos americanos e passou quase cinco anos na prisão de Camp Bucca, o centro de detenção aberto pelos militares americanos que se transformou em um criadouro de futuros integrantes do Estado Islâmico. Na prisão, jihadistas radicais e baathistas conviviam com criminosos comuns, resultando na radicalização de milhares de prisioneiros. Essa aliança entre extremistas religiosos com seu fervor ideológico e baathistas com grande capacidade de organização ensejou o nascimento do Estado Islâmico. Além de Baghdadi, Abu Mohammad al-Adnani, porta-voz do Estado Islâmico, morto em 2016 em um bombardeio norte-americano, e Haji Bakr, que liderou a expansão do EI para a Síria, estiveram presos em Camp Bucca.

Em março de 2009, quando a prisão já estava sob controle do governo iraquiano, milhares de prisioneiros foram soltos em uma anistia do governo. "Esses homens não estavam plantando flores em jardins", disse na época o chefe de polícia Saad Abbas Mahmoud ao *Washington Post*, ao prever acertadamente que os prisioneiros radicalizados abraçariam a jihad ao sair de Camp Bucca.

Considerado de baixo risco, Baghdadi estava entre os anistiados. Ele e seu grupo já faziam parte da Al-Qaeda no Iraque desde 2006, quando ainda estavam presos. Em 2010, os dois líderes da Al-Qaeda no Iraque foram assassinados, e Baghdadi assumiu o comando do grupo. No fim de 2013, rompeu com a Al-Qaeda e oficializou a criação do Estado Islâmico.

Baghdadi rejeita o nome pelo qual é conhecido. Prefere ser chamado de califa Ibrahim. O termo significa sucessor de Maomé, o profeta do islã. O califa governa um Estado soberano de população muçulmana sunita. Segundo a tradição, o califa precisa ser descendente do poderoso clã Quraysh de Meca, o berço do islã.

Ele afirma ser descendente direto do clã Quraysh como forma de reforçar sua legitimidade e de conquistar seguidores. Baghdadi segue os ensinamentos de Ibn Taymiyyah (1263-1328), que conclamava os muçulmanos a voltarem para as primeiras interpretações do Alcorão e para a vida dos Salaf, os primeiros muçulmanos, da época de Maomé.[25] Ele pedia uma jihad, uma luta contra os infiéis e inimigos do islã, para criar um Estado islâmico governado por um califa.

Os chamados salafistas querem emular os antigos muçulmanos, por meio de uma reforma do islã para eliminar práticas "não islâmicas" e retirar a influência ocidental. Essa versão radical do islã considera infiéis os xiitas e outros não sunitas, como os alauitas (como o ditador sírio Bashar al-Assad), e prega que sejam mortos. Para a maioria dos muçulmanos, os salafistas radicais e o EI distorcem os ensinamentos do islã.

Baghdadi é um administrador exigente. Todos os emires (governantes) que ele nomeia enviam diariamente relatórios de inteligência impressos em uma folha de papel A4. O líder do EI se comunica com seus subordinados por telefones via satélite e aplicativos de celular, em árabe e inglês, e exige respostas imediatas. Ele frequentemente entra nos mínimos detalhes e convoca funcionários no meio da noite.

O califado foi extinto em 1924 por Mustafa Kemal Atatürk, após a derrota do Império Otomano na Primeira Guerra Mundial. Mas, muitos sunitas bem conservadores gostariam da volta de um califado e do tempo de glória do islamismo, e por isso se sentem atraídos por Baghdadi e pelo EI.

O apelo do Estado Islâmico é inegável. A facção chegou a ter 50 mil combatentes no Iraque e na Síria e a controlar um território de cerca de 100 mil quilômetros quadrados, com população de quase 10 milhões de pessoas, mas, após inúmeros ataques da coalizão liderada pelos Estados Unidos, o EI se enfraqueceu. Passou a ter 15 mil combatentes e controle de uma área de 70 mil quilômetros quadrados. Um dos segredos da eficiência do EI é a reunião de ex-integrantes do partido Baath no Iraque, que possuem muitos conhecimentos militares, com salafistas fascinados pela volta do califado e sunitas pobres atraídos pelos bons salários oferecidos pela facção.

O grupo mudou radicalmente o equilíbrio das forças políticas do Oriente Médio. Ao lado das atrocidades cometidas pelo ditador sírio Bashar al-Assad, o EI foi um dos motivos para o êxodo maciço de sírios nos últimos anos.

Baghdadi ocupou a cidade de Raqqa, na Síria, e a declarou a capital de seu califado. A bandeira negra do EI é vista por toda a cidade. As mulheres usam preto da cabeça aos pés, assim como Baghdadi, com seu indefectível turbante negro. Nas regiões controladas pela facção, está em vigor a lei islâmica radical. Decapitações são comuns na praça principal de Raqqa. Decepam-se os infiéis, espiões e prisioneiros de guerra. Suas cabeças ficam em exposição em estacas, até que apodreçam.

Mas não se restringem a decapitar. O EI aprisionou um piloto jordaniano depois que o avião que pilotava caiu na Síria. Os extremistas o queimaram vivo, dentro de uma jaula, e divulgaram o vídeo do assassinato.

O Estado Islâmico é inclemente na punição aos gays, que chamam de "povo do profeta Ló" (*Lot*, em inglês; e *Lut*, em árabe). De acordo com a Bíblia e também com o Alcorão, Ló tentou convencer o povo das cidades de Sodoma e Gomorra a abandonar a luxúria, mas foi ignorado e as cidades foram incendiadas. O islã prega que o povo de Ló foi destruído por transgredir regras morais, e a expressão "povo do profeta Ló" se refere a relações sexuais entre pessoas do mesmo gênero.

O EI divulgou vários vídeos em que pessoas acusadas de serem homossexuais são jogadas do alto de prédios. Como forma de "punição da Xaria a uma pessoa que cometeu os atos do povo do profeta Ló", o corpo é em seguida apedrejado. Homens e mulheres acusados de adultério também são apedrejados até a morte. As cenas são frequentemente filmadas e compartilhadas nas redes sociais.

Além disso, o EI dispõe de uma polícia moral semelhante à da Arábia Saudita. A principal função dos policiais é garantir que todas as pessoas com mais de sete anos compareçam às cinco orações diárias nas mesquitas, mas eles também prendem gente por excesso de velocidade ou por mendigar nas ruas. Quem tenta corromper um policial do EI pode ser punido com trinta chibatadas em público. Nos postos de checagem, as pessoas são revistadas para ver se não carregam itens proibidos: iPods, esmalte, rímel, absorvente, desodorante e cigarros. Telefones celulares não podem ter ringtones nem jogos.

Mas Baghdadi sabe que um dos principais motivos por trás do sucesso da facção é o papel de Estado assistencialista em comunidades sunitas marginalizadas pelos governos do Iraque e da Síria que o EI desempenha. Por isso, criou um programa de transferência de renda nessas áreas. Em 2014, durante o Ramadã, Baghdadi deu uma ajuda de custo de 66 dólares para cada família que declarou lealdade ao EI. A facção oferecia ainda um programa de subsídio de materiais de construção para recém-casados, vacinação grátis e um escritório de proteção ao consumidor.

O Estado Islâmico vinha crescendo desde 2010, mas era virtualmente ignorado fora da Síria e do Iraque, países onde a população local sentia na pele os avanços do grupo terrorista.

Em 9 de junho de 2014, a facção entrou no radar da mídia ao tomar Mossul em menos de 24 horas e impor à cidade sua violenta versão da lei islâmica. Mossul era uma cidade de 1,5 milhão de habitantes e tinha um contingente de 52 mil soldados e policiais iraquianos, que foram facilmente derrotados. Dos cerca de 1,5 milhão de habitantes, 500 mil haviam fugido nos dois primeiros dias da ocupação. Cristãos, yazidis, árabes xiitas, curdos e outras minorias deixaram a cidade ou foram mortos. Só sobraram sunitas. Vinte dias depois, Baghdadi publicou um vídeo no YouTube se autoproclamando o califa da região dominada pelo EI na Síria e no Iraque.

Quando os extremistas tomaram conta de Mossul, a cidade passou a viver na Idade da Pedra. Segundo um historiador que mantinha um blog clandestino sobre a vida sob o EI, mal havia água, luz ou comida. Os habitantes de Mossul precisavam pagar ao EI uma taxa mensal de prestação de serviços: uma casa de dois andares deve pagar 15 mil dinares (40 reais); uma térrea paga o equivalente a 25 reais. Só quem pagava o equivalente a 17 reais por ampere entregue pelos "geradores privados" tinha energia. Mesmo pagando, só havia luz entre as 13h e as 23h. Só havia fornecimento de água por duas horas a cada dois dias.

Mossul ficou isolada do mundo exterior quando o EI cortou as telecomunicações, em novembro de 2014. A partir daí, as pessoas perambulavam à procura de locais onde ainda havia cobertura de celular.

    Faltava tudo: comida, roupa, combustível. Mas o caos econômico era só parte do problema. Não se podia conversar sobre filosofia, história ou política. Ninguém confiava em ninguém, porque uma denúncia ao EI era o equivalente a uma sentença de morte. Cigarros, música e filmes eram proibidos. As mulheres eram obrigadas a se cobrir inteiramente, incluindo olhos e mãos, e não podiam sair sozinhas. Chegaram a proibir mulheres de comprar pepinos na feira, por causa do formato sugestivo, e de consumir sorvete, pois isso não existia na região na época de Maomé. Ninguém entrava em Mossul, nem agências humanitárias como os Médicos sem Fronteiras e a Cruz Vermelha.

    Depois de dominarem Mossul, os militantes do Estado Islâmico se dirigiram para Sinjar, a cem quilômetros a leste. A região de Sinjar é habitada há centenas de anos pela minoria religiosa yazidi. Os yazidis são curdos, mas não são muçulmanos como a maioria da população curda. Eles seguem uma religião que reúne preceitos do zoroastrismo dos persas; do sufismo, ramo místico do islamismo; e do cristianismo. Obedecem a um sistema muito rígido de castas e acreditam em reencarnação. A maioria dos yazidis que conseguiram escapar do ataque do Estado Islâmico em Sinjar vive em campos de refugiados perto de Dohuk, no norte do Iraque.

    É o caso das irmãs Sanaa e Hanaa, que viviam no campo de Xaria, um mar interminável de barracas brancas e vielas de terra, que abriga 20 mil pessoas. Elas tinham fugido do cativeiro alguns meses antes. Sanaa se lembrava nitidamente: ela se preparava para almoçar com a família, quando os homens chegaram em picapes brancas. Armados com metralhadoras, os soldados do Estado Islâmico gritavam: "Subam no carro agora, infiéis!". Com outras dezenas de pessoas, a família de Sanaa foi levada para o pátio da escola do vilarejo. Lá, separaram mulheres e crianças de um lado e homens do outro.

Foi a última vez que Sanaa viu seu pai e seu irmão de quinze anos. Os homens do vilarejo foram levados em grupos na caçamba das caminhonetes até um local a cerca de um quilômetro de Kocho. Foram enfileirados e obrigados a se agachar no chão. Enquanto um extremista filmava com o celular, os outros gritavam *Allahu Akbar*[26] e abriam fogo. Havia crianças de dez anos e velhos de mais de oitenta. Alguns poucos se salvaram ao fingir que estavam mortos, na pilha de corpos.

Naquele mesmo dia, 15 de agosto de 2014, Sanaa, que tinha 21 anos, e suas irmãs, Hanaa, então com 25 anos, e Hadyia, com dezoito, foram levadas do vilarejo iraquiano de Kocho, na região de Sinjar, para Mossul, sob controle do Estado Islâmico, onde ficaram presas em uma casa com mais de cem mulheres. De quando em quando, os milicianos levavam uma das mulheres para uma sala. Ouviam-se gritos e choro. Diziam que elas tinham de se converter.

Sanaa foi vendida com suas irmãs e levada para Raqqa. Lá, ela era frequentemente estuprada por estrangeiros, russos ou cazaques, acredita, alguns dos milhares de estrangeiros, muitos deles ocidentais, que se uniram ao EI.

Kazhal Sharif, de dezoito anos, outra yazidi que vivia no campo de refugiados, ficou três meses com outras trezentas mulheres em Mossul, onde apanhava regularmente com um taco de bilhar. Via militantes levando roupas de noiva para meninas de dez anos, carregadas para a Síria para serem oferecidas como noivas. O EI usava as escravas como forma de recrutar mais militantes em países muçulmanos conservadores, onde o sexo casual é um tabu.

As mulheres escravizadas eram submetidas aos piores tipos de violência: sodomização com objetos, espancamentos, estupros por vários homens múltiplas vezes, queima dos genitais. As que conseguiam voltar para casa, como Sanaa e Hanaa, enfrentavam mais um desafio: o preconceito. Os yazidis são muito rígidos e não admitem que as mulheres se casem fora da religião e nem mesmo fora de sua própria casta. Baba Sheikh, o líder religioso máximo dos yazidis, fez um comunicado pedindo tolerância para as mulheres que estavam voltando para suas famílias depois de terem sido sequestradas pelo EI. Mesmo assim, muitas não conseguiram conceber a humilhação e se suicidaram. Para as que escapavam, as perspectivas eram sombrias.

"Nós nunca mais vamos voltar para casa, mesmo que derrotem o EI. Não podemos mais confiar nos nossos vizinhos árabes que os apoiaram", disse Sanaa. Ela foi a primeira mulher da família a entrar na universidade. Estava no primeiro ano de geografia em Mossul quando foi sequestrada. Não sabia quando, ou se, retomaria os estudos. Não tinha ânimo nem para assistir a novelas e filmes de ação de Jean-Claude Van Damme, que antes adorava. "Estamos sozinhas no mundo", disse, ao lado da irmã Hanaa. Sua irmã Hadyia continuava como escrava do Estado Islâmico. Os pais e o irmão estavam desaparecidos.

Segundo Zainab Bangura, representante especial da ONU para violência sexual em conflitos,[27] o EI usava o estupro regularmente como arma de guerra. "A sevícia de mulheres e meninas é um elemento central de sua ideologia." Bangura trabalhou em países como Congo, Bósnia, Sudão do Sul, Somália e República Centro-Africana, onde a violência sexual também era generalizada nos conflitos. Mas afirma que nunca viu nada parecido. "Não consigo entender essa desumanidade", disse Bangura, que foi ministra das Relações Exteriores de Serra Leoa, um país devastado por anos de guerra civil.

Os homens também não escapavam da brutalidade dos jihadistas do EI. Quando capturavam os yazidis, primeiro vistoriavam as axilas dos meninos. Aqueles que já tinham pelos eram considerados com idade suficiente para serem mortos. Os demais eram levados para campos de treinamento, onde aprendiam a usar armas e eram doutrinados na versão fundamentalista do islã pregada pelo EI.

Em um dos campos de treinamento em Raqqa, os meninos recebiam uma boneca e uma espada para aprender a cortar cabeças em suas aulas. Aí eles ficavam em fila e recebiam as instruções dos milicianos do EI. Cortem a cabeça da boneca! Um menino yazidi de catorze anos contou que, no começo, não conseguia cortar direito. Tentou uma, duas, três vezes. "Aí eles me ensinaram a segurar a espada e me disseram como eu deveria fazer. Falaram que era a cabeça dos infiéis", contou o menino. Ele passou quase cinco meses no campo, onde treinava de oito a dez horas por dia.[28] Os meninos eram chamados de "leõezinhos do califado".

Em um vídeo divulgado pelo EI, meninos-soldados se posicionavam diante de soldados sírios capturados, em um antigo anfiteatro romano em Palmira, cidade histórica sob poder do EI. São cerca de 25 soldados, ajoelhados, ensanguentados com lacerações no rosto e sinais de tortura. Os meninos aparentam não ter mais que catorze anos. Sem titubear, cada um atira na parte de trás da cabeça de um soldado, que tomba em meio a uma poça de sangue. Uma plateia formada exclusivamente por homens assiste das arquibancadas às execuções.

No dia 3 de agosto de 2014, quando os combatentes do EI entraram na região de Sinjar, mais de 200 mil yazidis fugiram para as montanhas. Muitos, entre eles velhos, doentes e crianças, não conseguiram chegar ao topo. Outros decidiram ficar em seus vilarejos. Os que ficaram para trás tiveram um fim doloroso. Por volta de 6 mil foram capturados e pelos menos 3 mil, mortos. Aqueles que conseguiram subir nas montanhas também não estavam a salvo. Cercados, aproximadamente 50 mil yazidis passaram mais de uma semana presos na montanha, sem água, comida ou remédios. As crianças morreram desidratadas.

O vilarejo de Kocho, onde Sanaa vivia com a família, tinha mais ou menos 2 mil habitantes. Apenas duzentos conseguiram escapar do Estado Islâmico — os outros foram mortos, sequestrados ou estão desaparecidos.[29]

O cerco aos yazidis fez os Estados Unidos começarem a agir contra o Estado Islâmico. O ex-presidente Barack Obama autorizou os primeiros bombardeios contra os extremistas em Sinjar e enviou aviões com água e alimentos. Mas foram os homens e mulheres da YPG e da YPJ que fizeram a diferença, abrindo um corredor humanitário entre Sinjar e a fronteira da Síria. Muitos yazidis conseguiram se salvar depois de andar de doze a 24 horas até a fronteira, sob proteção da milícia curda.

Na ofensiva em Sinjar, mais de 3 mil mulheres iraquianas, na maioria yazidis, foram raptadas e transformadas em escravas sexuais, "esposas" ou servas de combatentes do Estado Islâmico.

Segundo Sanaa, era como se fosse um mercado: eles vinham e escolhiam as mulheres que queriam comprar. As mais jovens e bonitas eram dadas de "presente" para milicianos estrangeiros. As restantes eram "usadas" pelos locais. Nos leilões de escravas, os potenciais compradores pechinchavam e pediam descontos nas mulheres consideradas pouco atraentes ou com seios pequenos.

O Estado Islâmico publicou um comunicado justificando o estupro, dizendo que escravizar sexualmente mulheres yazidis era legítimo. Nas diretrizes divulgadas pelo Departamento de Pesquisas e Fatwa do EI, a facção afirmava que as mulheres yazidis, ao contrário de judias e cristãs, que são seguidoras das chamadas religiões de Abraão, poderiam ser escravizadas. Afinal, elas eram "adoradoras do diabo". Dizia que era proibido para as yazidis pagar a *jizya*, a taxa cobrada de cristãos e judeus que querem comprar sua liberdade. "Deveríamos lembrar que escravizar as famílias dos infiéis e tomar suas mulheres como concubinas está firmemente estabelecido na Xaria", dizia o texto.

O EI informava que, se a capturada fosse virgem, o soldado "poderia ter relação sexual com ela imediatamente após a captura; se não fosse, o útero precisava ser purificado antes".

A facção listava uma série de perguntas e respostas para ajudar os militantes, que foram traduzidas pelo Middle East Media Research Institute. As justificativas apoiavam-se em uma leitura do Alcorão.

É permitido ter relações sexuais com uma prisioneira?
É permitido ter relações sexuais com uma prisioneira. Alá todo-poderoso disse: "(bem-sucedidos são os fiéis) que guardam sua castidade, exceto de suas esposas ou (das prisioneiras ou escravas) que sua mão direita possui; aí eles estão livres de culpa".

É permitido vender uma prisioneira?
É permitido vender, comprar ou dar de presente prisioneiras e escravas, porque elas são simplesmente uma propriedade; é possível dispor delas, desde que não se prejudique a Ummah.

Se o dono tiver engravidado sua prisioneira, ele pode vendê-la?
Ele não pode vendê-la se ela se tornar mãe de uma criança.

É permitido ter relações sexuais com uma prisioneira que não atingiu a puberdade?
É permitido ter relações com uma prisioneira que não atingiu a puberdade se ela estiver apta a ter relações; se ela não estiver apta, é suficiente aproveitar-se dela sem relações.

É permitido bater em uma escrava?
É permitido bater na escrava como forma de disciplina-la, mas é proibido torturá-la ou bater nela para ter prazer. É proibido bater no rosto.

Inúmeras valas comuns foram descobertas no fim de novembro de 2015, depois que Sinjar foi finalmente libertada do EI. Segundo a Convenção para Prevenção e Repressão de Genocídio da ONU, de 1948, matar pessoas com a intenção de destruir, em parte ou totalmente, um grupo étnico, religioso, racial ou nacional, constitui genocídio. Em junho de 2016, o órgão internacional concluiu que os ataques do Estado Islâmico contra os yazidis configuram genocídio e limpeza étnica.

O veterano jornalista Patrick Cockburn, correspondente de guerra do jornal *The Independent* no Oriente Médio desde 1991, associa a ascensão do Estado Islâmico a um pecado original. Foi a opressão das populações sunitas na Síria, pelo ditador alauita Bashar al-Assad, e no Iraque, pelo ex-primeiro-ministro xiita Nouri al-Maliki, que possibilitou o avanço do grupo terrorista.

A maioria da população do Iraque é xiita, e foi reprimida quando o ditador sunita Saddam Hussein governava. Os norte-americanos invadiram o país em 2003 e depuseram Saddam. Após a retirada americana, em 2011, o ex-primeiro-ministro Al-Maliki passou então a perseguir os sunitas.

Segundo Rafi al-Issawi, sunita que foi ministro das Finanças no gabinete de Maliki, quando o líder iraquiano ainda incluía minorias em seu governo, dezenas de milhares de sunitas foram presos depois que os norte-americanos saíram do país. "Eles chegam a qualquer distrito onde explodiu um carro-bomba, por exemplo, e detêm duzentas, trezentas pessoas que ficam presas por anos, sem julgamento", diz Al-Issawi.[30] "As comunidades sunitas eram tratadas de forma injusta, discriminadas", diz Tariq al-Hashimi, que foi vice-presidente no governo de Maliki entre 2006 e 2011, até fugir do país, acusado de terrorismo. "Se você é um árabe sunita no Iraque, você é tratado como terrorista. Simples assim." Descontentes, os iraquianos sunitas apoiaram o avanço do Estado Islâmico, embora posteriormente muitos tenham se voltado contra suas práticas.

Na Síria, as atrocidades de Assad deram origem a movimentos de oposição, alguns deles extremistas. Arábia Saudita, Turquia e Catar, países sunitas e rivais do Irã, começaram a armar a oposição a Assad, alinhado a Teerã. Logo ficou claro que, ao apoiarem a oposição supostamente moderada na Síria, potências estrangeiras alimentavam, com armas e recursos, islamitas radicais como a frente Al-Nusra e o EI.

Esse envolvimento de diversos países, com suas guerras por procuração, nas quais outras forças representam seus interesses, complicava o cenário. Os curdos sírios como Raushan e Barzan lutavam pela sua milícia YPG no norte da Síria, com a ajuda de bombardeios aéreos dos Estados Unidos. Extremistas do EI, da frente Al-Nusra e de outros grupos lutavam entre si, contra forças de Assad e contra os curdos. A oposição síria combatia as forças de Assad, que lutava contra a oposição, extremista e moderada, com apoio do Irã, da milícia xiita Hezbollah e da Rússia.

Segundo o historiador sírio Sami Moubayed, muitos achavam que o Estado Islâmico seria um fenômeno passageiro. Mas a organização segue tendo vida longa: dispõe de dinheiro, poder, apoio logístico e de um território fértil onde antes não existia nenhum governo de fato. Para Moubayed, o EI "sequestrou" a religião muçulmana e afirma falar em nome dos sunitas do islã. "Eu sou muçulmano sunita, e o islã não tem relação com o EI, formado por picaretas que se alimentam da ignorância das pessoas e recrutam miseráveis. O sucesso deles é impressionante."

O EI conseguiu recrutar milhares de militantes, grande parte na União Europeia. Jovens muçulmanos desiludidos na Europa precisavam apenas de uma passagem de ida para a Turquia, uma viagem de ônibus até a fronteira da Síria e alguma iniciação no islamismo para aderir. Muitos nem eram religiosos antes de começarem a se radicalizar pela internet. Aqueles que não conseguiam chegar até a Síria eram incentivados a fazer ataques em seus países. "Vocês podem matar do jeito que quiserem infiéis americanos, europeus — especialmente franceses —, australianos, canadenses, quaisquer cidadãos de países que estejam na coalizão contra o Estado Islâmico. Podem esmagar suas cabeças com uma pedra, matá-los a facadas, atropelá-los, jogá-los de algum lugar alto, sufocá-los ou envenená-los", instruiu em 2014 Abu Mohammad al-Adnani, porta-voz do EI, morto em ataque aéreo norte-americano em agosto de 2016.

O principal segredo da eficiência do Estado Islâmico talvez seja seu poderio econômico. O EI funcionava como uma corporação bem administrada. Só fazia negócios em dinheiro e vivia de extorquir seus clientes. Ao contrário da Al-Qaeda em seu apogeu, que dependia pesadamente de doações de milionários estrangeiros, o EI é autossuficiente e possui um portfólio de atividades muito variado.

O principal negócio da facção é o petróleo. No auge, o EI detinha 60% da produção de petróleo da Síria e controlava cerca de doze campos de exploração em território sírio e iraquiano. Segundo estimativas de analistas e do Departamento do Tesouro dos Estados Unidos, o petróleo rendia cerca de 2 milhões de dólares por dia para a facção terrorista. A venda de petróleo era essencial para o EI e para a Síria. A população civil síria, os curdos que controlam o norte do país, o governo Assad, a oposição, todos dependiam do petróleo vendido pelo EI, porque o embargo econômico em decorrência da guerra impedia o país de importar.

Muitos sírios haviam transformado isso num grande negócio: compravam do EI com deságio e contrabandeavam o combustível barato para revender na Turquia. Em algumas cidades turcas na fronteira com a Síria, moradores usavam tubulações de plástico enterradas no solo, originalmente utilizadas para irrigação, para contrabandear o petróleo. Caminhões-tanque chegavam de toda a Turquia para comprar combustível barato. No campo sírio de Al-Omar, um dos maiores sob controle do EI (bombardeado por caças franceses no fim de 2015), havia uma fila de mais de cinco quilômetros de caminhões-tanque, de intermediários que compravam o petróleo e o vendiam para contrabandistas ou direto para as refinarias.[31] A polícia turca fazia vista grossa, mas, pressionada pelos Estados Unidos, começou a fechar o cerco. As restrições apenas tornaram os contrabandistas mais criativos. Eles passaram a atravessar a fronteira a pé, montados em mulas ou em cavalos, levando galões de petróleo sírio.

Muitas das instalações de refino foram bombardeadas pela coalizão. O EI passou a comprar refinarias portáteis da China, também bombardeadas. Restaram poucas instalações, e muitos sírios empreendedores montaram refinarias de fundo de quintal, em que queimavam o combustível usando buracos no chão.

O maior desafio da coalizão era cortar as fontes de financiamento do Estado Islâmico sem prejudicar a enorme população civil que vivia sob controle da facção. A maior parte do petróleo produzido nos campos controlados pelo EI na Síria era vendida para outras partes do país, inclusive dominadas pela oposição. Interromper o fornecimento afetaria serviços essenciais, como hospitais, padarias e transportes, que precisavam de diesel para funcionar.

Os bombardeios da coalizão diminuíram muito a capacidade de exploração e refino do EI. A queda do preço do petróleo, que ficou abaixo de quarenta dólares o barril, foi outro golpe à maior fonte de receita da facção, que se viu em dificuldades para financiar a ampla estrutura paraestatal que havia montado: servidores públicos, subsídios (especialmente para pão) e combustível para suas operações militares.

Mas o EI havia diversificado seus negócios. A facção chegou a recolher cerca de 12 milhões de dólares por mês em impostos (ou extorsão) cobrados nas cidades que dominava, segundo estudo de Charles Lister, da Brookings Institution. Caminhões que trafegavam no oeste do Iraque, levando alimentos da Síria e da Jordânia, precisavam pagar uma taxa alfandegária de trezentos dólares por veículo. Em Raqqa, a facção cobrava de comerciantes vinte dólares a cada dois meses, em troca de eletricidade, água e segurança. Havia também um imposto de renda de pessoa jurídica, retido na fonte: farmácias em Mossul pagavam uma taxa de 10% a 35% do valor dos remédios que vendiam. Na mesma cidade, estudantes do ensino fundamental tinham de pagar ao EI 22 dólares por mês, e universitários, 65 dólares. Os agricultores precisavam entregar parte da colheita de trigo e cevada a título de *zakat*, uma espécie de dízimo. Além disso, muitas vezes os extremistas confiscavam máquinas agrícolas e então as alugavam para os mesmos agricultores de quem as confiscaram. Os cristãos vivendo em cidades dominadas pelo EI pagavam ainda a *jizya*, uma taxa para evitarem ser mortos por não serem muçulmanos.

De acordo com o governo americano, o EI levantou pelo menos o equivalente a 500 milhões de dólares ao se apropriar de agências de bancos estatais no oeste do Iraque em 2015. Nas agências de bancos privados na região, instalou gerentes e passou a cobrar 5% de todas as retiradas.

Os sequestros eram outra fonte de receita da facção terrorista. Segundo estimativas do governo americano, o EI faturou pelo menos 20 milhões de dólares em 2014 com resgates de reféns. Outros europeus, embora não admitam, negociavam com os terroristas. A França, por exemplo, teria pagado 18 milhões de dólares em abril de 2014 pelo resgate de quatro reféns franceses. A facção também sequestrava iraquianos e sírios de classe média.

O EI recorreu ao *crowdfunding*: seus membros usavam o Twitter para pedir doações por meio da compra de cartões pré-pagos de telefone, cujo número era enviado por Skype. Criaram programas de fidelidade: um clérigo ligado ao grupo usou o Twitter para prometer que, para cada doação de cinquenta dinares iraquianos, valor equivalente a cinquenta balas de rifle, o doador se tornaria doador categoria prata; cem dinares, que compram oito cargas de morteiro, conferiam ao doador a categoria ouro.

O saque de antiguidades de museus ou monumentos, muitas vendidas no mercado negro, era outra fonte de recursos do EI. Segundo a Unesco, a facção chegou a ocupar mais de 4500 locais de escavação arqueológica.

É muito difícil estimar rigorosamente, mas cálculos do governo americano e de analistas indicavam que o EI teria faturado pelo menos 1,2 bilhão de dólares em 2014, a maioria proveniente da venda de petróleo. Em comparação, o Talibã, grupo extremista do Afeganistão, chegou a arrecadar 200 milhões de dólares por ano com o tráfico de drogas e o contrabando de madeira e minerais. Contra a Al-Qaeda, sanções financeiras eram mais eficientes, porque os doadores muitas vezes usavam o sistema financeiro internacional. No caso do EI, só dinheiro vivo circula, normalmente por meio de portadores, e a maioria das transações se dá dentro da Síria e do Iraque.[32]

O talento na diversificação de receitas, a popularidade do apelo à glória perdida do califado e a insatisfação dos muçulmanos sunitas reprimidos por seus governos transformaram o Estado Islâmico no movimento terrorista mais bem-sucedido da história: maior, mais violento e mais eficaz que a Al-Qaeda.

* * *

Poucos dias depois do ataque a Sinjar, em setembro de 2014, o Estado Islâmico começou a fechar o cerco sobre Kobane. Àquela altura, o EI estava em pleno processo de conquistar territórios e aumentar seus domínios. Tinha de 20 mil a 30 mil combatentes espalhados pela Síria e pelo Iraque. Era essa organização poderosa que ameaçava a cidade de Barzan.

Vida no cerco

Em sua primeira noite na Kobane sitiada, 17 de outubro de 2014, Raushan demorou a dormir. Ficou pensando na sua chegada à cidade, na travessia no breu, no medo de pisar em uma mina. Ela não enxergava nada. Se tivesse um atirador do Estado Islâmico a cinquenta metros, ela não teria visto. Estava agitada, e não era para menos.

Acomodaram-se em um apartamento de primeiro andar abandonado. A família que morava lá havia fugido às pressas da cidade. Em cima da mesa da sala, sobraram duas mochilas, cadernos e canetas. Quando o EI se aproximou da cidade, em setembro, as crianças estavam se preparando para o começo das aulas.

Raushan e Barzan acordaram. A primeira coisa que fizeram foi sair para olhar a rua. A maioria das casas estava vazia. Havia buracos de balas e muitas paredes tinham desmoronado. O chão estava entulhado de escombros. Nas construções atingidas por ataques aéreos, o teto cedia. Os prédios ficavam com aquele formato característico, como se alguém houvesse tirado os pilares que sustentam uma barraca e ela tivesse desmoronado.

Grupos de soldados conversavam dentro das construções destruídas, encostados em casas ou atrás de muros. Fumavam cigarros. Quase todos usavam o *keffiyeh*, o lenço xadrez também adotado pelos árabes, chamado de *cemedani* pelos curdos sírios. Ao contrário do *keffiyeh* preto e branco, eternizado pelo líder da luta pela independência palestina Yasser Arafat, os lenços dos soldados curdos vinham também nas cores tradicionais do Curdistão — amarelo, branco, verde e vermelho.

O *cemedani* é tradicionalmente ligado à masculinidade, mas algumas soldadas curdas da YPJ também o usavam. Com suas Kalashnikov penduradas no ombro, elas amarravam o lenço na cabeça, mas, ao contrário de muitas muçulmanas como elas, não cobriam o cabelo. Tinham os fios bem compridos e deixavam tranças e coques à mostra. Vestiam uniforme verde-escuro, colete camuflado com munições e, muitas vezes, calças bufantes usadas pelos homens curdos, principalmente pelos guerrilheiros que se escondem nas montanhas. Algumas mulheres usavam o *cemedani* nas cores do Curdistão, outras tinham lenços floridos na cabeça. Vestiam sempre casacos pesados, porque a temperatura estava perto de zero grau.

O rosto curtido pelo sol e a aparência agreste dos soldados curdos se contrapunham aos alegres lenços floridos ou coloridos que amarravam como turbantes ou enrolavam no pescoço. O uniforme era semelhante ao das mulheres: roupas militares ou trajes curdos tradicionais. Ao contrário dos extremistas islâmicos, com suas indefectíveis barbas longas e cerradas, os soldados curdos têm a cara limpa ou, no máximo, bigode.

Àquela altura, havia cerca de 2500 soldados curdos defendendo Kobane. Mais de 40% eram mulheres. Muitos na YPG e na YPJ tinham respondido à convocação a curdos do mundo inteiro para salvar Kobane do Estado Islâmico, cuja ofensiva contava com pelo menos 5 mil homens. As forças curdas eram jovens, mal treinadas e mal equipadas. Capacetes e coletes à prova de balas eram luxos escassos por ali. Cerca de cinquenta combatentes eram guerrilheiros do pkk, vindos da Turquia.

A escuridão da noite anterior, quando Raushan tinha se esgueirado para dentro da cidade, pusera muitos fantasmas em sua cabeça. Agora, à luz do sol, ela se sentia meio boba de ter passado tanto medo. Afora o barulho longínquo de explosões e trocas de tiro, tudo parecia normal. "Eu não precisava ter ficado tão aterrorizada", pensava.

Subiu as escadas do apartamento e foi preparar o chá coletivo. Os curdos sírios tomam chá preto, não muito forte, e com muito açúcar, em copinhos de vidro. Alguns gostam de chá-mate. É possível encontrar pacotes de mate argentino em lojinhas na Síria.

Öcalan e Barzan ficaram lá fora conversando com alguns soldados da ypg. No momento em que Raushan pôs o bule no fogareiro, ouviu um barulho alto de explosão. O Estado Islâmico tinha lançado uma ofensiva pelo leste. Os extremistas haviam detonado um carro-bomba perto do centro da cidade.

Raushan não conseguiu entender o que exatamente tinha explodido. Apesar do estrondo ensurdecedor, o carro-bomba nem estava tão perto assim, devia ter detonado a uns quinhentos metros dali. Correu para a janela. Viu fogo e depois a fumaça preta subindo. Seu coração começou a bater forte. Depois de alguns minutos, outro estrépito. Era mais um carro-bomba.

O barulho de metralhadoras continuou e, logo depois, a terceira explosão. Esta pareceu ter sido dentro do apartamento. Ela pensou que sua cabeça também tinha explodido. As janelas quebraram e estilhaços voaram para dentro da sala. Raushan teve a impressão de que as paredes iam ruir.

Barzan e Öcalan viram o instante em que a bomba acertou o apartamento. "Raushan, você está bem?", gritaram. "Raushan, sai daí! Sai!"

"O que aconteceu?", respondeu Raushan, os ouvidos ainda zunindo e o coração disparado.

"Fomos atingidos, esqueça o chá e saia daí."

O prédio fora atingido por um "canhão do inferno", armamento de artilharia improvisada, composto de um bujão cilíndrico de gás adaptado com estabilizadores e recheado de explosivos e estilhaços. O "canhão do inferno" é rudimentar, mas provoca estragos enormes. Desenvolvido no início da Guerra Civil da Síria, em 2011, pela oposição armada ao presidente Bashar al-Assad, pode disparar o projétil a até um quilômetro de distância.

Até hoje Raushan não sabe como teve sangue-frio para fechar o gás do fogareiro e pegar seu celular antes de sair correndo. Ela, Barzan, Öcalan e Massoud, um soldado da YPG que os acompanhava, despacharam-se para um apartamento do outro lado da rua. Foram atingidos de novo, dessa vez por um míssil. O apartamento desmoronou. Correram para fora. Estavam todos brancos por causa da poeira da construção que tinha acabado de ruir. As pernas tremiam, os joelhos batiam um contra o outro.

Foram para um terceiro apartamento, na rua de trás. Pouco depois, foram atingidos mais uma vez. Era um milagre que ninguém tivesse se ferido. Quando mudaram de lugar pela terceira vez e, de novo, foram bombardeados, perceberam que alguma coisa estranha estava acontecendo. Os homens do Daesh pareciam farejar onde eles estavam.

Supuseram que o problema eram os celulares. De alguma maneira, os extremistas estavam captando o sinal do celular, ou do GPS, e conseguiam localizá-los. Todos desligaram seus aparelhos, retiraram baterias e chips. Por meia hora, nada aconteceu. Barzan havia combinado de dar uma entrevista para um canal de televisão turca e precisou ligar o celular. O bombardeio recomeçou.

Naquele dia, os homens do Daesh jogaram mais de quarenta bombas, morteiros, mísseis e artilharia improvisada na cidade, além de detonar dois carros-bomba e espalhar dezenas de franco-atiradores pela cidade.

Raushan estava exausta. E era só o primeiro dia em Kobane.

À noite, dormiram em outro apartamento. O primeiro acabara completamente destruído, como muitos outros apartamentos desabitados na cidade. Quem teve tempo juntou os pertences em um dos cômodos e fugiu antes de o Daesh chegar. Alguns nem sequer tiveram tempo de tirar a chaleira do fogão. Só cerca de 10% dos 50 mil moradores de Kobane permaneceram na cidade.

O novo lar de Barzan e Raushan ficava perto de uma base da YPG e da YPJ. Precisavam estar próximos dos soldados para ter acesso a eletricidade e água.

O último jornalista estrangeiro tinha deixado Kobane no dia 4 de outubro. As equipes de televisão ficavam na fronteira, em Suruç, e filmavam de longe as explosões. Era difícil saber o que estava acontecendo em Kobane. Combatentes da YPG e da YPJ faziam vídeos e comunicados, e algumas pessoas escreviam relatos para as agências pró-curdos. Mas Raushan e Barzan eram os únicos jornalistas razoavelmente independentes dentro de Kobane. Eram o principal elo da cidade com o mundo exterior. Faziam reportagens e entrevistas para a agência de notícias Reuters, para a rede de televisão britânica BBC, a russa RT e vários canais de televisão turcos.

Filmar na Kobane sitiada era arriscado. Os dois se movimentavam pela rede de túneis escavados pelos soldados que interligavam as casas de Kobane. Quando saíam para a rua, evitavam locais abertos expostos a franco-atiradores. Nos vídeos, dava para ouvir Raushan e Barzan ofegando de cansaço.

A batalha não se travava apenas no front — havia também uma campanha de manipulação de informações em curso. O presidente da Turquia, Recep Tayyip Erdoğan, insistia no fato de não haver mais civis dentro da cidade, apenas combatentes curdos, além dos milicianos do Daesh.

O governo turco tinha sentimentos ambíguos em relação ao cerco a Kobane. A principal preocupação de Ancara não era o Estado Islâmico, mas a formação de uma região autônoma curda no norte da Síria, ao longo da fronteira turca. Muitos dos militantes do pkk eram recrutados no norte da Síria para lutar contra o governo turco. Havia uma ligação estreita entre o grupo e os curdos sírios.

"Nunca vamos permitir a criação de um novo Estado na fronteira turca com o norte da Síria", afirmou Erdoğan. "O que realmente está acontecendo em Kobane?", disse ainda Yasin Aktay, vice-presidente do akp, o partido de Erdoğan, à bbc. "Todos os civis estão na Turquia. Todos os civis foram salvos pela Turquia. Não há nenhuma tragédia em Kobane como afirmam os membros do pkk."[33]

Mas havia, sim, muitos civis em Kobane. Milhares deles na área da fronteira, acampados, esperando tudo se acalmar para voltarem à cidade. Muitos iam para casa esporadicamente, sob risco de um ataque do Daesh, que controlava pelo menos um terço da cidade. Outras centenas deles estavam escondidos em suas casas, na cidade. Alguns porque eram velhos ou doentes demais para fugir, outros porque tinham filhos e filhas nas milícias.

Nessa época, Barzan e Raushan fizeram um vídeo mostrando um grupo de crianças em Kobane brincando com escombros e com restos de armas. "Por que vocês estão brincando aqui fora? É perigoso", perguntou Barzan. "Estamos acostumados", respondeu uma menina. "Quando ouvimos o assobio do morteiro, deitamos no chão e não nos mexemos até ouvir a explosão e os estilhaços pararem de cair." Eles tiravam fotos das crianças deitadas no chão, e, com elas, escreviam com pedras a data no chão: 12 de novembro de 2014. O vídeo viralizou nas redes sociais. Em outro vídeo, Raushan conversa com uma família de dez pessoas. Eles se recusaram a sair de sua casa, que ficava muito perto do front. Moravam no minúsculo porão. Havia, sim, civis em Kobane, crianças e idosos inclusive, lutando para defender a cidade. E essas pessoas precisavam de ajuda.

Outras famílias estavam vivendo literalmente no meio do campo minado que margeia a fronteira entre Síria e Turquia. A reportagem de Barzan mostrava as pessoas morando em barracas improvisadas com pedaços de lona, fazendo fogueiras para se aquecer e cozinhar. De vez em quando, arriscavam-se no fogo cruzado de Kobane para ir para casa alimentar suas ovelhas.

Barzan e Raushan documentaram tudo o que puderam. Algumas fotos feitas por Raushan mostravam vários homens do Daesh mortos, com pedaços de mãos, pernas e torsos calcinados. Em entrevista à BBC, Raushan relatou o dia a dia dos civis em Kobane.[34] As pessoas comiam enlatados e produtos que haviam sobrado de antes do ataque. Muitas lojas foram destruídas e as pessoas entravam para pegar comida. A água era escassa, porque as bombas funcionavam com eletricidade, que havia sido cortada. Só tinham energia de geradores movidos a diesel ou gasolina, também difíceis de encontrar.

Além das soldadas da YPJ, muitas mulheres civis ficaram na cidade. Elas lavavam a roupa e cozinhavam para os soldados e as soldadas, além de cuidar dos feridos. "Todo mundo aqui, civil ou combatente, está empenhado na defesa da cidade", dizia Raushan. Contou que ainda havia muitas crianças em Kobane, algumas com menos de sete anos. "Você não tem medo de ficar aí?", perguntava o repórter da BBC. "Nos dois primeiros dias estávamos apavorados, mas depois que dois tetos caíram na nossa cabeça, a gente se acostumou", disse ela, com seu habitual humor sardônico.

Raushan dizia não ter medo de um avião americano bombardeá-la por engano, mas tinha pânico dos carros-bomba e dos homens-bomba. "Por causa das explosões, a gente precisa deixar as janelas abertas apesar do frio, porque não queremos que se estilhacem." Os moradores só podiam andar em poucas áreas, porque havia franco-atiradores do Daesh espalhados pela cidade e o risco de serem atingidos por um morteiro. "Já aconteceu de morteiros caírem a menos de cem metros da gente na rua, e os estilhaços são um perigo."

Naquele momento, os homens do Daesh estavam a cerca de quinhentos metros do apartamento deles e eles estavam "relativamente seguros". No começo de outubro, o Estado Islâmico controlava 350 vilarejos ao redor de Kobane e boa parte da cidade. À medida que os extremistas iam avançando, deixavam seu rastro de selvageria — soldados capturados eram decapitados, civis eram estupradas e mutiladas.

Para os curdos, os soldados e as soldadas mortos na batalha eram mártires. A mais famosa foi a mulher-bomba Deilar Kanj Khamis, que usava o nome de guerra Arin Mirkan. No dia em que os homens do Daesh tomaram o morro de Mistenour, ela se infiltrou no lado inimigo e se explodiu com várias granadas, matando dez dos extremistas. "Ela matou vários inimigos e demonstrou a resistência dos combatentes da YPG", dizia um comunicado da milícia curda divulgado após a morte de Arin. "Se necessário, todos os soldados da YPG devem seguir o exemplo dela para impedir que Kobane seja tomada." A foto de Arin Mirkan, o cabelo castanho-escuro preso em um rabo de cavalo e o sorriso aberto, ilustra bandeiras, camisetas e comunicados de Kobane. A hashtag #ARINMIRKAN ficou popular no Twitter. Não se sabe a idade exata de Arin, mas oficiais afirmaram que ela estava com pouco mais de vinte anos. Tinha dois filhos.

No dia 10 de outubro, o Daesh controlava cerca de 40% de Kobane. A batalha era desigual. Os homens do Daesh entraram em Kobane dirigindo Humvees, o veículo militar icônico do Exército americano. Tinham pelo menos cinco blindados tomados do Exército iraquiano, entre eles o M-1 Abrams, o mais usado pelas Forças Armadas dos Estados Unidos, que custa milhões de dólares a unidade. Não faltavam fuzis M16. Graças aos Estados Unidos e à deserção de soldados iraquianos, o Estado Islâmico era a facção mais bem equipada do Oriente Médio. Os curdos tinham de se virar com fuzis velhos e armamentos improvisados, baratos e fáceis de fazer. Mal equipados e sem receber armamentos das potências, viam-se obrigados a recorrer às bombas caseiras, morteiros e à perícia de seus atiradores.

Houve relatos de uso de armas químicas pelo Estado Islâmico durante o cerco. Um dos poucos médicos que permaneceram em Kobane para cuidar dos feridos atendeu várias pessoas com a pele coberta por bolhas, olhos ardendo e dificuldade de respirar. "Alguns tinham placas e bolhas vermelhas no corpo, outros não conseguiam respirar e não paravam de vomitar. Eles diziam que os olhos e o nariz estavam ardendo", contou ao jornal britânico *The Guardian* o médico Walat Omar.[35]

As reações eram semelhantes às provocadas pelo gás cloro, arma química que mata por sufocamento e foi usada pelo ex-ditador do Iraque Saddam Hussein contra os curdos iraquianos, nos anos 1980. O presidente sírio Bashar al-Assad também usou a substância contra civis durante a guerra síria. A suspeita de ataque de gás cloro despertou pânico. Os militantes do Estado Islâmico haviam tomado o antigo centro de produção de armas químicas de Saddam Hussein no Iraque em junho daquele ano. Segundo o governo iraquiano, havia cerca de 2500 ogivas de armas químicas enterradas no local. Muitas não funcionavam mais, mas algumas poderiam ser modificadas e incorporadas ao arsenal do Estado Islâmico.

Em 11 de outubro, o Daesh tentou mais uma vez assumir o controle de Kobane, mas foi impedido pelas forças curdas e pelos ataques aéreos dos Estados Unidos. Os bombardeios americanos passaram a ser coordenados de maneira mais eficiente com as milícias curdas em solo. Mesmo assim, os extremistas já controlavam mais da metade da cidade. Para os norte-americanos, estava claro que, sem uma intervenção maior, com envio de armas e homens, Kobane sucumbiria ao Estado Islâmico.

Apesar de a Turquia estar a poucos quilômetros do centro de Kobane, o governo turco assistia impassível ao massacre. Muitos sírios morreram tentando cruzar clandestinamente os campos minados na fronteira entre a Síria e a Turquia. Na época, Barzan deu um depoimento para um jornalista turco.

> Quando as pessoas fugiram para Suruç [no lado turco], depois do primeiro ataque do Daesh com mísseis, as condições eram muito ruins. Eu vi quarenta pessoas morando em uma loja abandonada. O banheiro mais próximo era a quinhentos metros. As pessoas dormiam em parques, nas ruas e nas mesquitas. Algumas pessoas diziam que prefeririam morrer a viver daquele jeito e voltaram para Kobane. Eu obriguei meu pai e minha mãe a fugirem para a Turquia, mas não consegui convencer meu irmão. Ele voltou para Kobane depois de ver uma menina ser dilacerada ao pisar em uma mina tentando cruzar para a Turquia. Meu irmão mais velho está lutando, no front. Meus dois tios por parte de pai também. Meu tio por parte de mãe, que tem oito filhos, mandou a família para a Turquia, mas ficou em Kobane. Famílias que têm filhos ou filhas na YPG ou na YPJ também ficaram na cidade. Recusam-se a abandonar os filhos.

Centenas de pessoas subiam no teto de construções em Suruç, perto da fronteira, para tentar ver o que estava acontecendo do outro lado. Uma fumaça preta se erguia toda vez que uma bomba ou míssil explodiam em Kobane. Quando ouviam o barulho dos caças americanos, que bombardeavam posições do Daesh, aplaudiam.

Mas a Turquia se recusava a abrir a fronteira para que armas e alimentos fossem enviados a Kobane. Quase tudo tinha de passar ilegalmente, principalmente os reforços do PKK. Erdoğan fazia duras críticas à crescente cooperação entre os Estados Unidos e os curdos sírios: "Para nós, o PYD é igual ao PKK. É uma organização terrorista", disse. Desde o início dos anos 1980, mais de 40 mil pessoas morreram nos conflitos entre o governo turco e o PKK. O PKK matou milhares de civis em atentados, assim como o governo turco, ao destruir vilarejos curdos. "É errado que os Estados Unidos, nossos aliados na Otan, negociem abertamente com o PYD e esperem que nós concordemos com esse apoio a uma organização terrorista."

O governo de Erdoğan minimizava a importância da batalha de Kobane. "A tragédia real está no resto da Síria. Menos de mil pessoas foram mortas em Kobane, mas 300 mil morreram em outras partes da Síria. O que é mais importante?", disse Yasin Aktay, vice-presidente do AKP.

De fato, a carnificina de Assad no resto do país era ainda maior. Os curdos tinham sido poupados dos bombardeios aéreos do regime, que despejava em civis suas bombas de fragmentação, compostas de dezenas ou centenas de pequenos explosivos que se espalham por áreas equivalentes a vários campos de futebol, matando e ferindo inúmeras pessoas. São proibidas por convenções internacionais.

Para os Estados Unidos, a decisão de armar os curdos era delicada. Além de o partido curdo sírio PYD ser ligado ao PKK, que os próprios Estados Unidos consideram uma organização terrorista, os curdos sírios eram vistos como próximos do governo de Bashar al-Assad. Integrantes da oposição síria apontavam para o fato de Assad ter poupado os curdos de bombardeios aéreos como prova de que havia colaboração entre eles. Os curdos afirmavam que tinham decidido permanecer neutros na guerra, porque a oposição armada a Assad também não concordava com as ambições de autonomia para Rojava. Mas eram acusados de ter fechado um acordo de não agressão com Assad, que retirou quase todas as suas tropas dos territórios curdos. Em troca, teriam resolvido não se juntar à oposição armada contra Assad.

Mas Kobane havia se transformado em um símbolo. Para o mundo, era o apelo irresistível da causa de um povo sem país, com seus exércitos de mulheres lutando contra os fanáticos do Estado Islâmico. Em 23 de outubro, o *New York Times* publicou um editorial defendendo a intervenção americana em Kobane. "Se Kobane sobreviver, será um feito. Essa cidade no norte da Síria está há semanas prestes a tombar diante de um cerco brutal do Estado Islâmico."[36] O jornal sublinhava a importância de impedir que Kobane caísse nas mãos dos extremistas. "Uma derrota em Kobane mostraria a fragilidade do plano americano e daria uma importante vitória ao Estado Islâmico", dizia o texto, que criticava a relutância da Turquia em permitir o envio de armas e homens passando pelo seu território.

No dia 1º de novembro, milhares de pessoas foram às ruas pedir apoio aos curdos em Kobane. Houve manifestações do "dia mundial da defesa de Kobane" na Turquia, Alemanha, Itália, Suécia e em vários outros países. A hashtag #savekobane se espalhou pelo Twitter. Em Londres, centenas foram até Trafalgar Square. Cantavam "Acabem com o Estado Islâmico" e "Tirem as mãos de Kobane", enquanto balançavam bandeiras curdas. Em Suruç, a poucos quilômetros da Kobane sitiada, 5 mil pessoas participaram do protesto.

Mais de cem europeus e americanos, de ex-fuzileiros navais a civis sem experiência militar, foram para a Síria ajudar os curdos — integravam o grupo Leões de Rojava, que recrutava voluntários estrangeiros para lutarem em Kobane.

Um manifesto a favor de Kobane foi assinado por figuras de peso como o linguista americano Noam Chomsky, o arcebispo sul-africano Desmond Tutu e os vencedores do prêmio Nobel Adolfo Pérez Esquivel e José Ramos-Horta. "A cidade de Kobane vem enfrentando uma ofensiva do Estado Islâmico enquanto a suposta coalizão internacional reluta em ajudar a resistência curda", dizia o manifesto. O modelo de governo que estava sendo implementado em Rojava desde a declaração de autonomia, em 2012, com cotas para mulheres e minorias e administração descentralizada e compartilhada, era um ímã para os movimentos de esquerda. "Também conclamamos o mundo a reconhecer que a autonomia democrática em Rojava e o modelo de Rojava prometem um futuro de liberdade para todos na Síria. Se o mundo quer democracia no Oriente Médio, deveria apoiar a resistência curda em Kobane", concluía o manifesto.

O governo Obama resistia a aumentar sua participação na Síria. Ao assumir, em 2009, Obama havia herdado de George W. Bush os conflitos no Iraque e no Afeganistão, duas guerras intermináveis e altamente impopulares. Obama se elegeu em 2008 com a promessa de tirar o país de ambas as guerras e de não entrar em nenhuma outra. Segundo a "doutrina Obama", os Estados Unidos não fariam intervenções militares em nações que não representassem uma ameaça direta à segurança do país. O governo lançaria mão dos chamados ataques cirúrgicos de drones ou bombardeios aéreos, mas enviaria tropas.

Em junho de 2014, conversando com jornalistas no avião presidencial, o Air Force One, o presidente Barack Obama resumiu sua estratégia para a política externa dos Estados Unidos:

"Não fazer besteira". Mexer no vespeiro sírio definitivamente se encaixava na categoria "stupid shit".[37]

Mas o avanço do Estado Islâmico na Síria colocava em xeque a teoria de que era possível deter a facção sem aumentar o envolvimento americano no país. O fantasma do genocídio em Ruanda rondava Obama. Durante o massacre de mais de 800 mil pessoas em Ruanda, em 1994, os Estados Unidos preferiram não intervir. A decisão passou à história como um dos grandes erros do governo Bill Clinton. Se Kobane caísse, seria uma derrota fragorosa para a doutrina Obama.

Ao final de outubro, Obama havia chegado à conclusão de que Kobane era "simbolicamente importante demais para ser perdida".[38] O governo norte-americano decidiu intensificar sua participação na batalha para defender a cidade e reforçar a coordenação com os curdos, apesar das objeções dos turcos e da relutância inicial de Obama. Não havia saída — pelos cálculos dos militares americanos, a munição dos resistentes acabaria em três dias.

No dia 19 de outubro, pela primeira vez os Estados Unidos sobrevoaram Kobane e lançaram suprimentos: 28 pacotes com armas e munição entregues pelos curdos iraquianos e medicamentos. Um dos pacotes caiu nas mãos do Daesh e outro se extraviou. Mas 26 chegaram até os curdos.

Os rebeldes do Exército Livre da Síria, que acabariam mandando um pequeno contingente para Kobane, criticaram os Estados Unidos por haver decidido não armar abertamente os rebeldes que combatiam o regime de Bashar al-Assad desde 2011 em outras regiões da Síria, onde milhares de pessoas morreram. "É inaceitável que os Estados Unidos enviem armas para os curdos que estão lutando contra o Estado Islâmico há apenas um mês em uma cidade pequena, enquanto se recusam a dar qualquer ajuda militar ou estratégica à oposição que vem resistindo ao regime de Assad, que comete crimes de guerra há três anos", disse o coronel Malik el-Kurdi, um dos comandantes do Exército Livre da Síria.[39] Kobane era de fato uma cidade pequena, e o resto da Síria estava sofrendo. Mas os curdos vinham lutando contra o Estado Islâmico e outras facções de extremistas desde 2012. Além disso, Obama não queria enviar armamentos para a oposição a Assad porque parte dela era composta de grupos extremistas como a frente Al-Nusra.

No início, os jatos americanos faziam apenas bombardeios pontuais contra alvos do EI. Com o tempo, intensificaram os ataques aéreos. Soldados curdos olhavam para cima, vendo os caças americanos, faziam sinal de vitória e gritavam: "Heval Obama!".[40] Eles sorriam mesmo sabendo que muitos daqueles caças iriam atingir suas próprias casas, onde se escondiam homens do Daesh.

Foi o que aconteceu com Barzan. Ele viu de longe quando um ataque aéreo acertou o apartamento em que iria morar com Raushan em sua nova vida de casado. Ficava perto da praça da Liberdade, no centro de Kobane. "Na hora percebi que tinham destruído minha casa. Mas não fui capaz de ficar triste, porque esse era o preço de conseguirmos nossa terra de volta do Daesh."

Em seu segundo lar na Kobane cercada, ao lado da base da YPG, Raushan e Barzan iam se adaptando à rotina. Todos os dias, logo depois de acordar, Raushan saía atrás de comida. Ia até o centro de logística da YPG, onde havia alimentos enviados clandestinamente pelos curdos turcos, e pedia a soldados vizinhos.

Ela cozinhava para Barzan, Öcalan e os soldados que iam ao apartamento. Fazia arroz, bulgur, um preparado de trigo, e sopa. Às vezes conseguiam cebola e tomate. Ovos e leite eram contrabandeados da Turquia. Raushan tentava fazer "comida de verdade" porque todos estavam forçados a uma dieta nada saudável de alimentos enlatados. Raushan conseguia pensar em alimentação balanceada em meio a morteiros e bombas.

O apartamento tinha ganhado mais um morador: Ibrahim,

irmão de Barzan, que havia chegado da fronteira para ajudar os soldados. Sempre que a YPG libertava uma área nova da cidade ou encontrava civis, ou quando havia um grande ataque do Daesh, Raushan e Barzan pegavam suas câmeras e saíam para documentar.

Passavam dias no apartamento, editando os vídeos no computador, movidos a chá, café e cigarro. A certa altura, Barzan entrou em pânico — só havia sobrado café para mais dois dias. Tinha acabado no centro de logística e ele não conseguiu com nenhum dos soldados vizinhos. "Preciso de café, vamos procurar", disse. Saíram pelas ruas e chegaram ao mercadinho de Omar, que estudou com Barzan. As janelas estavam quebradas e a porta arrombada. Algumas pessoas reviravam as coisas lá dentro. Muitos estavam lá porque não tinham nada para comer. Barzan encontrou café e roubou.

Os dois cometeriam o mesmo crime alguns dias depois. Raushan estava prestes a ficar sem calças. Ela tinha levado apenas o jeans que vestia, acreditando que voltaria logo para a Turquia para buscar o resto de suas coisas e mudar para o apartamento novo de Barzan, destruído no ataque aéreo norte-americano. As calças estavam puídas e imundas. Saíram à caça de jeans, e acabaram roubando de uma loja saqueada.

No apartamento, tinham eletricidade de gerador apenas por algumas horas por dia. O gerador ficava dentro de um cômodo, fechado, para abafar o barulho. Nunca saíam de casa depois de o sol se pôr. Era muito perigoso.

Foi nessa época que Raushan começou a chamar Barzan de Bob Esponja. Como o personagem do desenho, ele estava sempre animado e confiante. Bob Barzan tentou várias vezes consertar durante o cerco o aquecedor do apartamento deles, mas acabava sempre sujo, cheio de fuligem, e continuavam sem aquecimento.

No apartamento, Raushan notou que o carpete da sala sempre saía do lugar. Passou dias ralhando com Barzan e Ibrahim por bagunçarem o tapete que ela tinha acabado de arrumar. Até que entendeu o que acontecia. Quando explodia um carro-bomba ou vinha um bombardeio aéreo, entrava um vento no apartamento e mudava tudo de lugar.

Nos primeiros dias, Raushan se sobressaltava toda vez que ouvia uma explosão. Com o tempo, aprendeu a reconhecer as armas pelo ruído. Sabia quando era uma metralhadora DShK ou um míssil Katyusha. Os morteiros eram sempre antecedidos por um assobio. Também sabia dizer se era carro-bomba ou ataque aéreo. O zumbido dos caças norte-americanos era constante. O som da troca de tiros era a trilha sonora de fundo. Ela se acostumou, era como se fosse uma música que ouvia todos os dias, sempre presente.

Homens do Estado Islâmico tinham invadido a casa da família de Barzan, que havia fugido para a Turquia. Parte da construção ruiu com um morteiro. Os móveis foram queimados pelos soldados do EI, uma tática para impedir os ataques aéreos americanos — a fumaça cobria os alvos. A fábrica de farinha do pai de Barzan, em frente à casa da família, também fora destruída.

Raushan, Barzan, Ibrahim e Öcalan dormiam no chão do apartamento que ocupavam, em cima de tapetes, ao lado de seus fuzis. Öcalan lutava no front e cuidava da logística. Ibrahim levava armas e comida para os soldados. Desde que desertou do Exército de Bashar al-Assad e foi preso e torturado, Ibrahim jurou que nunca mais iria lutar. "Eu não posso matar alguém só porque é inimigo, sem entender por que está me atacando e o que tem contra mim", dizia.

Era preciso entender a motivação dos extremistas do Daesh para matá-los? "Eu não acho que uma pessoa deva matar em nome dos outros. Eu não acredito nisso, então não luto mais."

Os pais de Raushan estavam preocupados com as notícias cada vez mais aterradoras. Tinham fugido de Afrin para a Rússia, aproveitando o passaporte russo da mãe de Raushan. Ligavam para a filha e imploravam que ela tivesse cuidado. Mas nunca pediram a ela que voltasse.

Os Estados Unidos vinham pedindo à Turquia que deixasse os soldados curdos iraquianos, os *peshmerga*, passarem pelo território turco para levar armamentos e reforços a Kobane. Erdoğan, pressionado, finalmente cedeu. Os *peshmerga* chegaram a Rojava no dia 1º de novembro. À meia-noite, 155 soldados cruzaram a fronteira da Turquia, em Suruç, e entraram em Kobane, trazendo armas e munição. Levavam armas que Öcalan e outros soldados da YPG não conheciam e não sabiam usar. Tiveram de aprender com os *peshmerga*.

Cerca de cinquenta soldados do Exército Livre da Síria também cruzaram da Turquia para Kobane para se unir a outros duzentos que estavam lá e para reforçar as defesas da cidade. Com a chegada dos *peshmerga* iraquianos e a intensificação dos ataques aéreos norte-americanos, a batalha começava a virar.

As forças aliadas aos curdos começaram a libertar vilarejos que estavam sob controle do Daesh.

No dia 5 de novembro, o governo do Curdistão iraquiano enviou caminhões com carregamentos de armas. O Estado Islâmico também recebia reforços. Os extremistas tentavam eludir as forças norte-americanas ao transportar as munições em motos, mais difíceis de serem alvejadas do que carros, e comumente usavam bandeiras da YPG em seus veículos, para despistar.

Mas os ataques aéreos norte-americanos estavam minando as forças do Daesh. Na época, a facção divulgou um vídeo afirmando que dominava quase toda a cidade de Kobane, que supostamente cairia em breve. Nas imagens estavam o fotógrafo britânico John Cantlie, que havia sido capturado pelo EI junto com o fotojornalista americano James Foley em novembro de 2012. Os *mujahidin* controlavam o leste e o sul da cidade. Foley havia sido decapitado pelos extremistas em agosto de 2014 e o vídeo de sua execução foi postado no YouTube.

Cantlie se transformou no porta-voz internacional da facção terrorista. Não estava claro se era forçado a atuar como garoto propaganda da facção, já que era mantido como refém, ou se havia se convertido à causa do Estado Islâmico.

"A mídia ocidental — e eu não vejo nenhum dos jornalistas deles aqui na cidade de Kobane — diz que o EI está em retirada, mas de onde eu estou agora, não vejo ninguém da YPG ou do PKK, só um grande número de *mujahidin*", dizia Cantlie, apontando para Kobane, com imagens feitas com drones do Estado Islâmico. "A América quer que Kobane se transforme no símbolo da vitória da coalizão que luta contra o EI, mas sabe que, mesmo com todo o seu poderio aéreo e com suas tropas aliadas, isso não seria suficiente para derrotar o Estado Islâmico em Kobane e em outros lugares. Guerrilha urbana é das versões mais sujas da guerrilha, e é uma especialidade do Estado Islâmico", dizia o britânico, enquanto eram mostradas imagens do mapa de Kobane cercada de bandeiras do EI.

A propaganda sempre foi parte importante da estratégia da facção terrorista, que mantinha uma revista em inglês, a *Dabiq*. O Estado Islâmico precisava manter o moral de seus soldados em Kobane e atrair mais recrutas estrangeiros para lutar na Síria. Kobane era crucial para o plano de expansão do califado do Estado. Se controlassem a cidade, assegurariam acesso a armas e jihadistas vindos da Turquia.

Em 11 de novembro, a YPG retomou várias ruas e construções em Kobane. No dia seguinte, tomou a estrada que liga Raqqa, capital do EI na Síria, a Kobane, interrompendo o envio de armas e jihadistas. Alguns dias depois, o comando da YPG divulgou um comunicado dizendo que "os bombardeios aéreos, aliados às forças atuando na cidade, basicamente brecaram o avanço do Daesh". Paulatinamente, os soldados curdos, com a ajuda dos *peshmerga* iraquianos e do Exército Livre da Síria, foram reconquistando partes da cidade. Por quase quatro meses, a cidade ficara sob ataque. Tinha menos homens e possuía armas infinitamente inferiores, mas prevaleceu. Mais de 1500 soldados curdos e quase cem de seus aliados do Exército Livre da Síria morreram. Mais de 2 mil combatentes do Estado Islâmico foram mortos. Cerca de cem civis morreram e 300 mil fugiram para a Turquia.

Depois de liberarem a cidade, os soldados em Kobane dançaram, cantaram e içaram bandeiras da YPG e da YPJ. Gritavam *Biji Serok Apo!*[41] Apo é o apelido do líder do PKK, Abdullah Öcalan. Curdos na Turquia, Iraque e Síria foram às ruas celebrar a vitória. Idris Nassan, então vice-ministro de Relações Exteriores e porta-voz de Kobane, estava na cidade quando ela foi libertada. Segundo ele, foi como nascer de novo.

Assim que a cidade foi retomada, milhares de famílias começaram a voltar da Turquia, mesmo sabendo que havia minas e explosivos espalhados pela cidade. Diziam preferir comer terra em Kobane a viver em barracas num campo de refugiados na Turquia. Havia bombas atrás das portas, nas ruas, nos campos. Uma vizinha da família de Barzan morreu ao abrir a porta de seu quarto e detonar uma bomba caseira deixada lá pelos homens do Daesh.

A mídia foi fundamental para salvar a cidade. Barzan, jornalista conhecido, poliglota, ajudou a chamar a atenção da imprensa internacional para o cerco a Kobane. Ainda segundo Idris Nassan, ganhar atenção da mídia era tão parte da batalha quanto lutar no front.

Mas a libertação da cidade de Kobane era só o começo. A maioria dos vilarejos em volta da cidade continuava sob poder do Daesh. Para os curdos sírios, salvar Kobane era só uma etapa do caminho até a independência de Rojava. Continuavam lutando pela autonomia da região e pelos direitos dos curdos na Síria, em meio à guerra civil do país.

Mais de metade de Kobane tinha sido destruída. Era difícil achar uma construção que ainda estivesse de pé. O cenário era de terra arrasada. Lembrava a cidade alemã de Dresden depois do bombardeio inclemente dos ingleses e americanos na Segunda Guerra Mundial. Em Kobane, o que o Estado Islâmico não tinha destruído, os ataques aéreos americanos tinham aniquilado. Faltava tudo: hospitais, comida, remédios e água potável. Para as pessoas que estavam voltando para Kobane, a vida seria impossível sem a ajuda da comunidade internacional.

"O que está por trás da resiliência de Kobane?", escreveu a ativista curda Dilar Dirik no ensaio "Por que Kobane não caiu",[42] publicado em 27 de janeiro de 2015, data da libertação da cidade.

> O que Kobane significa nesta era de revoluções fracassadas e guerras intermináveis? As pessoas que estão lutando em Kobane têm uma ideologia, uma visão de mundo, que fez com que elas seguissem adiante. Podemos dizer que os bombardeios aéreos não ajudaram? Claro que não. Mas, se não fosse a resiliência das pessoas que estavam lá, que se mobilizaram com Kalashnikovs para defender sua cidade, a oportunidade da coalizão de "salvar" Kobane não teria surgido de seus próprios interesses.

A autora afirmava que Rojava era "uma alternativa para a região, cindida pelo ódio religioso e étnico, por guerras injustas e pela exploração econômica". Argumentava ainda que Rojava tinha como objetivo "criar um sistema alternativo ao paradigma do capitalismo global, dominado por homens e nações-Estado, ao preconizar a autonomia através da libertação feminina e cooperação com todos os povos da região". Não à toa a segunda maior cidade do Iraque, Mossul, havia sucumbido ao "Estado Islâmico em poucos dias, apesar de os Estados Unidos terem investido bilhões no treinamento do Exército iraquiano, enquanto a pequena cidade de Kobane, onde mulheres idosas criaram seus próprios batalhões, se tornara uma fortaleza de resistência".

Quando Kobane foi libertada, Raushan e Barzan estavam a 420 quilômetros de lá, vivendo em Derik, cidade próxima à fronteira entre Síria e Iraque. Eles haviam partido no fim de dezembro, quando já estava claro que a cidade seria libertada em poucos dias. Afinal, eram recém-casados. Ansiavam por uma vida normal, sem bombas e metralhadoras, sem o nervoso constante da guerra. Queriam simplesmente sair na rua tranquilos e curtir a lua de mel.

Derik estava relativamente calma e era bem próxima da fronteira. Não que fosse segura. Nenhum lugar em Rojava era seguro. Havia células do Estado Islâmico em várias cidades, esperando para atacar.

Antes de chegarem a Derik, fizeram uma parada estratégica na Turquia. Com ajuda da YPG, cruzaram a fronteira e entraram em território turco. Em Ancara, encontraram-se com o senador americano John McCain, a pedido da embaixada dos Estados Unidos. Veterano da Guerra do Vietnã, McCain foi preso e torturado, e até hoje não consegue pentear seus poucos cabelos por causa de sequelas nos braços. Em 2008, foi candidato à presidência dos Estados Unidos pelo Partido Republicano e acabou derrotado pelo democrata Barack Obama. No Senado americano, é um dos maiores especialistas em questões de segurança internacional.

McCain mais ouviu do que falou. Queria o testemunho privilegiado de Barzan e de Raushan. Como estava a situação em Kobane? Onde estavam os combatentes do Estado Islâmico? De que os soldados precisavam para libertar a cidade e os vilarejos em torno? Como estavam os civis?

Raushan e Barzan explicaram que havia muitas crianças e faltavam medicamentos e roupas para os civis. O casal esperava encontrar um político gringo sisudo, mas se surpreendeu. Raushan acreditava que, por ele ser conservador, seria muito formal. Mas o achou divertido, e os três conversaram como se fossem velhos amigos.

Quando McCain soube que eles tinham passado a lua de mel no cerco a Kobane, ele disparou: "Vocês são malucos?". Um dos funcionários da embaixada americana olhou para Raushan e disse, brincando: "Se o Barzan não for legal com você, vamos achar um marido americano para você". Raushan retrucou: "Já tenho Barzan. De qualquer maneira, eu não preciso de marido para ser feliz".

Junho de 2015

A foto de perfil do Facebook de Shireen, a irmã mais nova de Barzan, era do físico alemão Albert Einstein. A imagem de capa era a universidade americana Harvard. Aos dezesseis anos, Shireen estava prestes a se formar no ensino médio quando o Estado Islâmico invadiu Kobane.

Era a melhor aluna da classe, daquelas que choram e discutem com o professor quando não tiram nota dez. Seu sonho era estudar física nuclear. Queria ser cientista e inventar formas de energia nuclear pacíficas. A família a apoiava: o pai disse a Shireen que o estudo vinha em primeiro lugar. Se ela quisesse estudar, não precisava se preocupar em casar logo e ter filhos, como muitas jovens curdas. Mas em Rojava não havia boas universidades. Shireen precisaria ir para o Iraque ou para a Turquia para cursar o ensino superior. Sendo mulher, seus pais jamais a deixariam ir sozinha. Ela só poderia sair do país se algum dos seus seis irmãos a acompanhasse, o que era bem pouco provável.

Então Shireen passou a perseguir seu sonho número dois,

como ela mesma dizia. Queria ser soldada da YPJ. Uma de suas melhores amigas, Vian, era da YPJ e foi martirizada perto de Kobane — era assim que os curdos sírios se referiam aos soldados mortos em combate; não morriam, tornavam-se mártires. Vian era a irmã mais velha que Shireen, a caçula de seis irmãos, nunca teve. Para Shireen, as soldadas da YPJ eram anjos lutando pela liberdade dos curdos. Ela queria fazer isso também, já que as portas da universidade estavam fechadas para ela.

Durante o cerco do Estado Islâmico, em 2014, Shireen e a mãe fugiram para a Turquia e, depois, ficaram em Serekaniye, uma cidade a cerca de duzentos quilômetros de Kobane. Da mesma maneira que a maior parte dos habitantes de Kobane e de vilarejos próximos, elas voltaram para casa, aliviadas, depois da libertação da cidade, em 27 de janeiro de 2015. Ou melhor, voltaram para o que havia restado da casa. Alguns cômodos tinham sido bombardeados e as paredes estavam todas pretas, resultado das fogueiras que os extremistas do Daesh fizeram com os móveis da família. Num dos poucos cômodos que resistiram aos bombardeios, só havia a televisão, o laptop e vários tapetes no chão, onde todos dormiam juntos. Shireen vivia a esquizofrenia de crescer em um país em guerra. Alternava horas de normalidade com instantes de horror. Em um momento, procurava na internet ideias de um penteado para usar no noivado de um de seus irmãos. Queria fazer uma trança de raiz nos cabelos compridos e pretos. Pouco depois, recebia a notícia que uma de suas amigas de escola havia morrido ao pisar em uma mina.

Mexia na Kalashnikov encostada na parede com a mesma desenvoltura com que comentava a novela de Bollywood que acompanhava pela televisão. Ficara viciada nos dramalhões indianos desde que voltara da Turquia. Era um bom jeito de não pensar em nada além do romance do mocinho com a mocinha.

Sua escola ficou fechada durante meses. Quando Shireen

não estava vidrada na televisão ou ajudando nas tarefas da casa, devorava best-sellers ocidentais traduzidos para o árabe. "Nossa vida virou de cabeça para baixo. Enquanto a maior preocupação das meninas na Europa é ter ou não namorado, eu não sei se o Daesh vai voltar amanhã e matar todo mundo", dizia ela, franzindo as grossas sobrancelhas.

Quando o mês de abril de 2015 começou, a YPG já havia recapturado quase todas as cidadezinhas em volta de Kobane que tinham sido invadidas pelo Estado Islâmico. Ibrahim, irmão de Barzan, havia acabado de reconstruir a fábrica de farinha da família, que tinha sido bombardeada pelo EI. A família Iso ia reconstruindo sua casa. A vida em Kobane pouco a pouco voltava ao normal.

Mas junho chegou.

Por volta das quatro da manhã do dia 25, o Estado Islâmico explodiu três carros-bomba nos arredores de Kobane. Ao mesmo tempo, centenas de homens do Daesh entraram clandestinamente na cidade, a pé e em carros brancos. Os extremistas se infiltraram disfarçados de soldados da YPG. Eles usavam o uniforme da YPG e iam de casa em casa chamando *Heval!*, cumprimento comum em Rojava.

Muitos estavam dormindo. Levantavam da cama, abriam a porta e eram fuzilados com metralhadoras. Atiradores do EI jogavam granadas dentro das casas e miravam nos civis que tentavam recolher mortos e feridos.

Naquela madrugada de junho, a mãe de Barzan, Saida, estava com insônia. Acordou pouco depois das quatro horas da manhã e saiu de casa para fumar um cigarro. Ainda estava escuro. Quando chegou ao jardim da casa onde morava em Kobane, ouviu barulhos. Logo depois, viu os faróis de quatro carros chegando em meio ao som de tiros.

Telefonou para o filho Öcalan, que disse para ela não se preocupar, que provavelmente eram combatentes comemorando alguma vitória sobre o Daesh. Mas Öcalan ficou cismado. Pegou seu carro e foi até a cidade se certificar de que as coisas estavam calmas. Não estavam. Ligou para Saida: "Mãe, o Estado Islâmico está dentro da cidade, estamos cercados; vão para casa e tranquem todas as portas e janelas".

Saida e Shireen se esconderam no telhado da casa, onde passaram dois dias e duas noites encolhidas. Só entravam em casa para pegar água, ir ao banheiro ou carregar a bateria do celular. A comida acabou no primeiro dia. As duas passavam o tempo ouvindo os confrontos entre os soldados da YPG e os homens do Daesh, tentando decifrar o que estava acontecendo.

Saida ligou para Barzan, que estava com Raushan em Derik. Disse que estavam escondidas no telhado e não podiam sair. Estavam com fome e não havia mais comida em casa. Imediatamente, Raushan e Barzan pegaram o carro e se puseram a caminho de Kobane. Os quase quinhentos quilômetros da estrada entre Derik e Kobane ainda não tinham sido totalmente desminados. Passar por cima de explosivos era um perigo real. De Serekaniye para a frente não havia uma única pessoa na estrada. Os homens do Daesh podiam estar de tocaia.

Na segunda noite do massacre, quatro homens do Daesh se aproximaram da casa da família de Barzan em Kobane. Ficaram a poucos metros. Petrificadas, Saida e Shireen assistiam a tudo do telhado. Puseram os celulares no modo silencioso e os esconderam embaixo dos travesseiros, para que não escapasse nenhuma luminosidade. Shireen sentiu quando a bala de um atirador do Estado Islâmico passou a centímetros da sua cabeça.

No dia seguinte, Ibrahim, irmão de Barzan, que também estava em Kobane, resolveu se arriscar e foi até o mercado tentar comprar comida. Conseguiu chegar, mas estava fechado. A única coisa que encontrou foi um carro do Daesh estacionado, vazio. Roubou o pacote de bolachas que estava no banco de trás e levou para a mãe.

Barzan e Raushan chegaram a Kobane em 26 de junho, no segundo dia do massacre. Ao entrarem na cidade, viram um caminhão cheio de cadáveres empilhados.

Depois de levarem comida para Shireen e Saida, começaram a documentar a chacina. Além de vídeos e fotos, Barzan fez um relatório com os nomes da vítimas e circunstâncias de sua morte e enviou para organizações de direitos humanos. "Será que isso nunca vai acabar?", pensou.

Berivan Hassan, uma funcionária da prefeitura de Kobane cuja principal preocupação era reconstruir a cidade após se libertarem do cerco do EI, estava em casa quando ouviu um barulho. Seu irmão saiu para ver e foi recebido a tiros de metralhadora. A esposa dele acudiu e também morreu. A mãe quis ajudar e foi morta.

Os extremistas, então, entraram na casa e atiraram na esposa de outro irmão de Berivan, que levava no colo o filho de dois meses. O bebê sobreviveu, mas a mãe morreu diante do outro filho, de dois anos. Mataram mais dois irmãos, um tio e cinco parentes de Berivan.

Escondidas no quarto, Berivan e sua irmã ouviam os tiros, os gritos e o bebê chorando. Do celular, ela ligou para Öcalan, irmão de Barzan, que havia se tornado o ministro da Defesa de Kobane. "Não podemos te ajudar, também estamos cercados", Öcalan disse. Em poucas horas, o Estado Islâmico massacrou doze membros da família de Berivan.

Naquela madrugada, os homens do Daesh assassinaram 262 civis na cidade, entre eles doze crianças e 67 mulheres.[43] Outros 270 ficaram feridos. Foi a maior chacina de civis perpetrada pelo Estado Islâmico na Síria, mas a matança passou despercebida na mídia ocidental. Os confrontos se estenderam até o dia 27 de junho, quando os soldados da YPG e da YPJ finalmente retomaram o controle da cidade.

Berivan já tinha perdido o pai em 2013, vítima de um carro-bomba no centro de Kobane, e uma irmã, soldada da YPJ e morta no front em 2014. Ela e os três irmãos que sobreviveram passaram a cuidar de seis sobrinhos órfãos, que, na época, tinham entre quatro meses e quinze anos. Traumatizada com a guerra, Berivan pensou em fugir da Síria, mas mudou de ideia. "Depois de toda a minha família ter se sacrificado, não tenho o direito de ir embora", pensava.

Naquela fatídica madrugada de junho, Idris Nassan, vice-ministro das Relações Exteriores de Kobane, dormia com a mulher no jardim de sua casa. Durante o cerco, o Daesh tinha queimado sua casa. Restou apenas um cômodo, onde toda a sua família — o casal, os pais dele e mais três irmãs — se amontoava durante o dia. À noite, o calor era insuportável e eles dormiam no jardim.

A mulher de Idris acordou com um barulho alto, pareciam tiros. Idris abriu os olhos e prestou atenção por alguns instantes. "Deve ser alguma comemoração, a YPG deve ter libertado outros lugares aqui perto", disse. Mas não se convenceu. Saíram para ver o que estava acontecendo. Não havia nenhuma alma lá fora. Idris ligou para os seus vizinhos e parentes e pediu que todo mundo pegasse suas armas e ficasse a postos.

Um jovem que morava perto de Idris apareceu de repente, com a testa sangrando. Ele contou que o Daesh estava matando todo mundo nas ruas e entrando nas casas.

Idris, seus parentes e vizinhos improvisaram um posto de controle. Os homens se revezavam para ficar a postos 24 horas por dia. Estavam preparados para atirar em qualquer estranho que aparecesse. Não demorou muito e um carro com extremistas do Daesh entrou na rua. Dispararam, o carro deu a volta e foi embora.

Os homens ficaram de sentinela durante três dias. O Estado Islâmico controlava alguns prédios em diferentes pontos da cidade. Os moradores não podiam ir ao mercado ou a alguma mercearia para comprar pão e outros alimentos. Tiveram que se virar com o que tinham estocado em casa. Um primo de Idris, Farouk, de vinte anos, precisou ir à sua loja no centro da cidade para recolher o dinheiro que havia no caixa. Temia que os extremistas roubassem tudo o que tinha ganhado com o seu trabalho. Precisava muito daquele dinheiro. Farouk subiu em sua moto e partiu. No meio do caminho, foi metralhado pelo Daesh. "Se tivesse ficado em casa não teria morrido", pensou Idris. Todos os outros familiares sobreviveram.

O massacre de junho mostrou que a vitória sobre o Estado Islâmico era ilusória. O ataque surpresa do Daesh corroborou a paranoia dos curdos, que viam células secretas do Estado Islâmico em todo lugar, esperando o melhor momento para voltar à carga. Os habitantes de Kobane e de outras cidades de Rojava teriam de se acostumar a uma vida sob ameaça constante.

A cidade de Tell Abyad ficou mais de dois anos sob poder do Estado Islâmico, até ser libertada em junho de 2015. Mas continuou sendo alvo de ataques frequentes do Daesh.

Após a expulsão dos extremistas, as tensões sectárias se aprofundaram. Pairava sobre os árabes sunitas a suspeita de serem colaboradores do Estado Islâmico. Autoridades curdas acreditavam em infiltração de espiões. E começaram a expulsar de suas casas as famílias árabes que tinham algum integrante no EI. Entidades de direitos humanos acusaram a milícia curda YPG de promover limpeza étnica e a curdização do norte da Síria nos moldes da tão criticada política de arabização empreendida pelo ditador Hafez al-Assad nos anos 1970. Segundo relatório da Anistia Internacional, várias casas de árabes e turcomenos foram demolidas e seus moradores expulsos pela milícia curda, em retaliação a seu suposto apoio ao Estado Islâmico.[44]

O comandante da YPG Khabat Alim tinha certeza de que alguns árabes ainda cooperavam com o Daesh. "Eles têm parentes em Raqqa e passam informações", dizia. Em março de 2016, quase um ano depois de os curdos terem expulsado os extremistas de Tell Abyad, as paredes do escritório de Alim ainda mostravam os grafites do Daesh.

Em Tell Abyad, cerca de 60% da população era árabe. O restante se dividia entre curdos, turcomenos e cristãos. Nos dois anos em que a cidade ficou sob poder do Daesh, os extremistas transformaram a vida dos curdos em um inferno. Logo que tomaram Tell Abyad, os homens do Daesh anunciaram pelos alto-falantes das mesquitas que todos os curdos que não saíssem da cidade seriam mortos. Também determinaram que todas as propriedades dos curdos seriam *halal*[45] para árabes sunitas. Milhares de civis fugiram. Os extremistas saquearam as propriedades dos curdos e reassentaram árabes em algumas das casas. Entre a expulsão do EI em junho de 2015 e março de 2016, a cidade foi alvo de pelo menos quinze ataques dos extremistas. As autoridades curdas acreditavam que o Daesh ainda tinha muitas células secretas infiltradas na cidade. Centenas de pessoas acusadas de ajudar os militantes, muitas delas injustamente, foram presas.

A tensão na cidade era palpável. A prefeitura impôs toque de recolher às oito da noite e proibiu motos, usadas em ataques. Em um atentado em fevereiro de 2016, três homens-bomba do Estado Islâmico se explodiram em um prédio ocupado por soldados curdos. Pelo menos 45 milicianos do Estado Islâmico e vinte soldados da YPG morreram no ataque. Uma semana depois, ainda era possível ver restos de barba e cabelo dos extremistas no piso, em meio a escombros. Sangue e vísceras tinham grudado no teto. No chão, um comunicado usando o selo oficial do Daesh, respingado de sangue: "A partir de hoje, vídeos de decapitações só poderão ser compartilhados nas redes sociais com autorização prévia do escritório de mídia do Estado Islâmico". Aparentemente, o baixo escalão do EI estava "exagerando" nas postagens de degolas.

A maioria dos árabes ficou na cidade durante o domínio do EI, mas nem por isso colaborou com os extremistas. Eles não apoiavam o Daesh, mas, quando suas cidades foram ocupadas, não tinham opção senão obedecer. O barbeiro Abu Juma foi preso e levou trinta chibatadas porque estava aparando a barba de clientes: o EI proíbe os homens de se barbear. Um dono de loja em Tell Abyad, Mahmoud, lembrava-se da jaula onde ficavam presos os homens que eram pegos fumando. A mulher dele não podia sair de casa. Muitas pessoas foram decapitadas na praça principal. Os transeuntes eram obrigados a assistir. Ele presenciou mais de uma decapitação.

Era um pesadelo. Muitas pessoas se viram levadas a trabalhar com o Estado Islâmico para não morrer de fome. A desconfiança continuou a envenenar as relações entre árabes e curdos. O vizinho do comerciante curdo Khalil Khasman, por exemplo, era árabe e se unira ao EI. Khasman não conseguia perdoar uma pessoa que tinha matado seus amigos e parentes e destruído sua casa. Estavam todos tentando reconstruir a cidade e voltar a conviver em paz. Mas era difícil.

Apesar de a cidade ter maioria árabe, os curdos a renomearam em 2016 como Gire Spi, seu nome em kurmanji, e anunciaram que Tell Abyad não mais faria parte da província de Raqqa — passaria a pertencer à região autônoma de Rojava. Vigorava a lei do silêncio entre os árabes da cidade, que temiam retaliações da YPG. Poucos se dispunham a falar de forma franca. Existia a percepção de que os árabes estavam tolerando o domínio curdo em Tell Abyad por causa da luta contra o EI e da presença da coalizão. Mas, quando o Daesh fosse embora, eles tentariam expulsar os curdos.

"Eu amo Kobane e decidi que vou morrer aqui", respondia Saida, mãe de Barzan, quando parentes e amigos imploravam para que ela se mudasse para um lugar mais seguro. Ela adorava receber amigos em casa, sentados no chão da sala. Servia pão sírio, iogurte, frango e legumes, que eram comidos com as mãos. Saida sabia que levaria anos para que a situação da Síria se estabilizasse. Mesmo com a expulsão do Estado Islâmico, restavam cicatrizes entre os curdos e os árabes. As tropas de Bashar al-Assad podiam se fortalecer e voltar para retomar as terras autônomas curdas.

"Vai demorar pelo menos dez anos, mãe", interveio Ibrahim. "Enquanto houver árabes aqui, não haverá paz. Não podemos confiar nos árabes." Não adiantava dizer a Ibrahim que os curdos estavam cercados de árabes, que os grupos viviam lado a lado havia centenas de anos. E que voltariam a conviver pacificamente. Ele soltava um suspiro.

Esperança feminista

"ANGELINA JOLIE CURDA MORRE LUTANDO CONTRA O ESTADO ISLÂMICO", gritava a manchete em letras garrafais de uma agência de notícias, acompanhada de fotos de uma mulher jovem e bonita, com o uniforme da YPJ. "Linda soldada, apelidada de Angelina Jolie do Curdistão, morre em batalha contra o Estado Islâmico na Síria", alardeava um tabloide inglês.

Foi assim que veículos da mídia ocidental noticiaram a morte da combatente Asia Ramazan Antar, dezenove anos, na Síria, no começo de setembro de 2016. Nada mais se sabia sobre Asia, nem sobre as circunstâncias de sua morte. Não importava. A mídia já tinha tudo o que precisava para gerar cliques: uma mártir fotogênica.

A epopeia das amazonas destemidas, lutando contra o obscurantismo do Estado Islâmico, fascinou o Ocidente. Revistas de moda como a alemã *Madame* publicaram editoriais com o estilo guerrilheira-chic, inspirado na YPJ. A rede de lojas H&M lançou uma coleção de roupas inspiradas no uniforme da YPJ e do PKK.

Alguns repórteres com mais senso estético do que noção de ética chegavam a pedir às comandantes que trouxessem as soldadas mais bonitas para sessões de fotos.

Essas guerreiras personificavam um estereótipo que se encaixava perfeitamente na narrativa maniqueísta que o Ocidente buscava.

Os próprios curdos se aproveitaram das imagens das bravas mulheres lutando contra o Daesh. Eram ótimo instrumento de relações públicas para Rojava e angariavam apoio internacional. O governo de Rojava divulgava fotos e vídeos de combatentes da YPJ na internet.

Mas as soldadas curdas eram apenas um aspecto da grande revolução feminista que avançava em Rojava. As curdas sírias embarcaram em uma batalha que transcendia o front. Era uma luta contra uma sociedade patriarcal centenária. Jornalistas como Raushan, estudantes como Shireen, líderes do governo como Berivan e militares como Meysa Abdo, comandante da YPJ, vinham ganhando espaço em todas as esferas de Rojava.

Ainda predominava uma mentalidade conservadora na região. Principalmente nas zonas rurais do Curdistão, casamentos de meninas de catorze ou quinze anos ainda eram comuns. Os chamados crimes de honra — quando a família mata uma filha ou neta que foi estuprada ou que se casou com alguém sem permissão — eram tolerados.

Quando foi criado, o governo de Rojava estabeleceu o objetivo de criar uma sociedade igualitária nas regiões curdas do norte da Síria e adotou uma legislação particularmente progressista em relação às mulheres. A Constituição proibia os casamentos forçados e estabelecia cotas por gênero nas instituições públicas. A carta vetava o *berdel*, tradição segundo a qual duas famílias trocam noivas, ou um pai dá uma de suas filhas a outra família como pagamento de dívidas ou resolução de conflitos. Também estavam banidos o casamento de meninas menores de dezoito anos e a poligamia.

A igualdade de gêneros foi consagrada na Constituição de Rojava. O artigo 27 da carta determinava que "As mulheres têm o direito inviolável de participar da vida política, social, econômica e cultural". No artigo 28, a Constituição dizia que "Homens e mulheres são iguais perante a lei". Determinava que a igualdade entre homens e mulheres deveria ser buscada e que as instituições públicas trabalhassem para eliminar a discriminação de gênero. Em todos os órgãos públicos, de tribunais a prefeituras e governos regionais, era obrigatório que pelo menos 40% dos integrantes fossem mulheres. Os cargos de chefia funcionavam com coliderança — um homem e uma mulher dividiam o comando, em pé de igualdade.

Obviamente, levaria tempo para que a lei fosse cumprida de forma sistemática. Muita gente nem sabia que as novas leis existiam. Mas já haviam sido criados vários comitês de paz para resolver problemas de família. A polícia feminina, a *Asayish jin*, é especializada em crimes que envolvem mulheres e crianças, como violência doméstica, além de operar postos de controle e fazer outras operações-padrão de policiamento.

Poucos anos antes, a mera visão de uma policial feminina parando e multando um motorista — e sendo acatada — era impensável. "Hoje, se um homem bate na mulher, fica pelo menos um mês na prisão. Antes as mulheres não tinham direitos", disse Adile, do Centro Feminino da cidade de Derik.

O governo abriu trinta *Mala Jinan*, ou casas de mulheres, espalhadas por Rojava. As casas de mulheres eram um porto seguro para as vítimas de violência doméstica ou de estupro, onde mulheres podiam se abrigar pelo tempo que achassem necessário e recebiam ajuda psicológica. Elas também tinham assessoria jurídica caso quisessem abrir processos seguindo a Lei das Mulheres.

Nas *Mala Jinan*, as mulheres aprendiam a jineologia — que vem da palavra curda *jin*, que significa mulher —, a ciência da mulher de Abdullah Öcalan, cujo objetivo era introduzir a perspectiva da mulher no ensino das ciências sociais. As casas ensinavam também defesa pessoal e a importância da emancipação feminina, além de oferecer aulas de idiomas, computação, costura, primeiros socorros, saúde infantil, cultura e arte.

"Alguns homens têm várias esposas. Frequentemente, esses homens valorizam mais as esposas que têm filhos homens, em detrimento das que têm filhas, que são tratadas como cidadãs de segunda classe. Mas os tribunais populares estão mudando essa mentalidade", disse Osman Kobane, de um dos tribunais populares de Rojava. Os juízes dos tribunais populares não eram juristas de verdade, mas pessoas indicadas pela população de cada área, consideradas representantes legítimas dos interesses da sociedade.

Como salientou a ativista curda Dilar Dirik, a luta das mulheres curdas não começara com o avanço do Estado Islâmico. Havia décadas que o PKK turco tinha milícias femininas e cotas para mulheres em posições de comando. E o PYD, partido que domina Rojava, é uma extensão do PKK. "Retratando de forma sensacionalista a maneira como essas soldadas desafiam a imagem preconcebida das mulheres do Oriente Médio, sempre representadas como vítimas oprimidas, essas caricaturas [da mídia ocidental] apresentam as soldadas curdas como um fenômeno novo, o que é equivocado", diz Dirik. "Essas caricaturas desvalorizam uma luta legítima ao projetar fantasias orientalistas bizarras na batalha dessas mulheres, e resumem de forma simplista os motivos que levam as mulheres curdas a pegarem em armas."[46]

Durante o treinamento, as mulheres da YPJ aprendiam a manejar armas, estudavam táticas militares, ao mesmo tempo que mergulhavam na ideologia de Abdullah Öcalan, do PKK e da história do povo curdo. "Um país não pode ser livre sem que as mulheres sejam livres", diz Öcalan. "É absurdo desperdiçar os talentos e a inteligência de metade da população."

A YPJ teve papel fundamental no resgate das mulheres yazidis escravizadas pelo Estado Islâmico na região iraquiana de Sinjar em agosto de 2014. As soldadas sabiam que, se fossem capturadas pelos homens do Daesh, seriam estupradas e mortas. Por isso, muitas faziam ataques suicidas quando se viam perto de ser capturadas. Em Sinjar e nas batalhas para libertar cidades sírias como Kobane e Tell Abyad, as soldadas da YPJ tinham consciência de que lutavam para evitar anos de retrocesso.

O Estado Islâmico decretava leis especialmente nefastas para as mulheres quando assumia o poder: eram obrigadas a usar o *niqab* na presença de homens que não eram da família. Também não podiam sair de casa se não estivessem acompanhadas por um parente — e eram proibidas de ir aos mercados mesmo acompanhadas. Se uma família tivesse duas filhas, uma delas deveria ser oferecida ao Estado Islâmico; da mesma maneira, a mulher cujo marido morria no front era oferecida para outro combatente do Daesh. Como se não bastasse, se uma mulher ficasse mais de três meses sem um marido em casa, era obrigada a se casar com um combatente escolhido pelo comando do Estado Islâmico.

As soldadas da YPJ não lutavam apenas contra o Estado Islâmico, mas pelo feminismo e pela igualdade de gênero. "Não queremos que o mundo nos conheça por nossas armas, mas sim por nossas ideias", disse Sozda, uma comandante da YPJ em Amude. "Não somos apenas mulheres lutando contra o EI. Estamos lutando para mudar a mentalidade da sociedade e mostrar ao mundo do que as mulheres são capazes."

Um relatório da Kongreya Star, a organização dos movimentos feministas de Rojava, apresentava objetivos mais ambiciosos. "Trabalhando em Rojava e na Síria, Kongreya Star pretende ser um exemplo para todo o Oriente Médio e ajudar a levar a revolução da liberação feminina para a região", declara a entidade. "Lutando contra o patriarcado e a estrutura familiar patriarcal, ansiamos pela união voluntária entre homem e mulher e uma estrutura familiar democrática baseada no livre-arbítrio."

No entanto, apesar do discurso progressista, Rojava ainda era uma sociedade sexista. A criação da milícia feminina YPJ só foi possível porque se instituiu a exigência de celibato das soldadas. As jovens que entravam na YPJ (e no PKK, antes disso) sentiam a necessidade de ter autorização dos pais. A maioria dos pais permitia que elas se alistassem, desde que se mantivessem virgens. Sem o compromisso de garantir a honra das famílias, dificilmente a milícia feminina teria vingado.

Afinal, relações sexuais antes do casamento ainda são tabu. Segundo Raushan, antes da revolução, havia três consequências possíveis para uma mulher que tivesse relações sexuais antes de casar: ou seria assassinada, ou seria solteira para sempre, porque o marido descobriria que ela não era virgem, ou seus parentes intimavam o culpado, obrigando-o a se casar com a menina sob ameaça de serem ambos assassinados. Depois da revolução, os parentes simplesmente obrigavam os dois a se casarem, sem maiores escândalos.

Passou a ser comum que mulheres em Rojava estudem e trabalhem fora, a não ser em famílias mais tradicionalistas. "Hoje ninguém pode proibir uma mulher de fazer alguma coisa que ela queira, porque existem as Asayish femininas protegendo os direitos e as vontades das mulheres", diz Raushan. Também foram criadas leis estabelecendo a licença-maternidade paga de três meses e a exigência de creche em empresas.

O divórcio ainda não é bem-visto. A separação só acontece em casos extremos de violência doméstica, não no caso de alguém ficar "entediado" e querer casar com outra pessoa, diz Raushan. "Ainda estamos longe de atingir nossos objetivos", disse Asya Abdullah, copresidente do PYD. "Mas aprendemos com as revoluções fracassadas do passado. Sempre diziam — primeiro vamos fazer a revolução e, depois que tivermos sucesso, daremos às mulheres seus direitos. Mas depois da revolução, obviamente, isso não acontecia. Nós não vamos repetir essa velha história na nossa revolução."[47]

Alan Kurdi

Fazia menos de um mês que o menino sírio Alan Kurdi tinha morrido afogado quando os avós dele me receberam em Kobane. Nem o avô Shexo, nem sua mulher, Fatma, tinham visto a imagem que chocou o mundo — o corpo franzino do neto de três anos numa praia turca, de blusa vermelha, o rosto enterrado na areia. Quando a imagem foi divulgada, na tarde do dia 2 de setembro, a televisão deles estava desligada. Kobane ficava sem eletricidade durante o dia. Depois que amigos avisaram do ocorrido, os avós deixaram de assistir à televisão à noite.

Sentamos no chão do que restou da barbearia de Abdullah, genro de Shexo e Fatma e pai de Alan. O local tinha sido atingido por morteiros disparados pelo Estado Islâmico e toda a fachada estava destruída. Era um piso de ladrilhos rodeado de escombros. A casa da família ficava ao lado. Estava de pé, mas ameaçava cair, cheia de rachaduras e buracos de bala.

Alto e magro, Shexo tinha poucos dentes, os que havia pareciam enferrujados por anos de cigarro. Fatma usava um lenço cor de laranja na cabeça e tinha um meio sorriso sofrido. Era difícil acreditar que tinha apenas cinquenta anos. Ela nos trouxe chá em um daqueles copinhos de vidro onipresentes na Síria.

Shexo ia se lembrando da história, enquanto Raushan e Barzan traduziam. Eu fazia perguntas, constrangida por mexer numa ferida tão recente, e me esforçava para não chorar, o que seria desrespeito. Eu era só mais uma jornalista estrangeira que ficaria ali alguns poucos dias. Ia ouvir a tragédia deles, transformar em uma reportagem, e depois iria embora para um país sem guerra.

Eram 22h30 de 1º de setembro quando a mãe de Alan Kurdi ligou para Shexo, o pai dela. Rehan, de 35 anos, disse ao pai que só podia falar um minuto porque estava quase sem crédito no celular pré-pago. Contou que eles estavam em Bodrum, uma cidade litorânea no sudoeste da Turquia. Garantiu que estava tudo bem e que ligaria no dia seguinte.

Rehan não avisou que estava prestes a embarcar com o marido e os dois filhos em um bote rumo à Grécia, para buscar uma vida melhor na Alemanha. No dia seguinte, amigos ligaram para o avô de Alan para avisá-lo: "Alguém viu a foto do seu neto". Rehan e seus dois filhos, Alan e Galib, de cinco anos, haviam morrido afogados na travessia em um bote de borracha superlotado.

O pai, Abdullah, sobreviveu. Ele contou que o capitão entrou em pânico quando começou a entrar água no bote e pulou no mar. "Assumi o leme e comecei a manobrar. As ondas estavam muito altas, e o barco virou", disse Abdullah à Associated Press na época. "Eu segurava a mão da minha mulher. Meus filhos escorregaram entre meus dedos."[48]

Abdullah casou-se com Rehan em 2011. Foram viver em Damasco. Pouco depois, começou a guerra, e eles voltaram a Kobane para morar com os pais de Rehan. Abdullah continuava indo e voltando para Damasco, onde trabalhava como barbeiro. Quando os conflitos apertaram e as estradas se tornaram muito perigosas, ele deixou de ir.

Naquela época, as áreas curdas do norte do país eram seguras. Shexo e Fatma estavam contentes de conviver com os netos. Fatma tinha os olhos cheios de lágrimas enquanto me mostrava o quarto onde ainda mantinha os brinquedos e os bichinhos de pelúcia dos meninos que morreram afogados. Eles adoravam os personagens Bert e Ernie, da Vila Sésamo.

Abdullah trabalhou por um ano na barbearia que montou em Kobane, ao lado da casa dos sogros. Mas, por causa da guerra, o lucro era mínimo. Resolveu emigrar para a Turquia com a família. Em Istambul, trabalhou primeiro em uma fábrica de roupas e depois na construção civil. Carregava sacos de cimento de noventa quilos, trabalhando doze horas por dia, por nove dólares por dia.

Quando Kobane foi libertada do cerco do Estado Islâmico, em janeiro de 2015, a família de Alan Kurdi voltou a morar na cidade. Mas não por muito tempo. Depois do massacre de junho de 2015, eles decidiram que precisariam ir embora de vez. Onze pessoas da família Kurdi foram assassinadas durante a chacina, entre elas a tia-avó de Galib e Alan, quatro primos de Rehan e as mulheres de três deles.

Rehan dizia que não podia morar na Síria, que não era seguro para os meninos. A família foi para İzmir, no sudoeste da Turquia, o ponto principal de tráfico de refugiados. Esperou dez dias. De lá, seguiram para Bodrum, na costa turca. Pagaram 4 mil euros para um traficante de pessoas levar os quatro de barco à Grécia. Parte do dinheiro foi enviada pela irmã de Abdullah, Tima, que mora há 25 anos no Canadá. Esperaram um mês para partir.

Eles queriam ir para a Alemanha, que estava aceitando refugiados, lembrou Shexo, em meio ao barulho de um caminhão que passava removendo destroços das casas destruídas pela guerra.

O avô falava todos os dias com a filha e com os netos por telefone. Um dia, Galib disse ao avô: "Mamãe vai jogar a gente dentro d'água, vovô, por favor, vem buscar a gente com o seu caminhão". Parecia que pressentiam a tragédia.

O avô fabricava blocos de construção. Mas o Estado Islâmico destruiu a fábrica onde ele trabalhava e Shexo ficou sem trabalho. "A Europa e os outros países precisam fazer algo para que não vejamos mais meninos como Alan morrer no mar", Shexo me disse. "Precisamos de ajuda para reconstruir Kobane."

Rehan tentou convencer o pai a fugir também, mas ele achava errado. Shexo não saiu de Kobane nem durante o cerco à cidade em 2014. Foi ferido três vezes. Na primeira, estava perto de um carro-bomba, no centro da cidade. Depois, levou um tiro no braço esquerdo. Na última vez, atiraram um morteiro no telhado da casa da família e ele foi atingido pelos estilhaços. "Mas eu estou bem agora. E eles, não." Rehan, Alan e Galib estão enterrados no Cemitério dos Mártires de Kobane. Seguindo o ritual islâmico, foram embrulhados em um pano branco e depois sepultados na terra seca de Kobane.

O cemitério foi construído em 2014 para dar conta dos mortos na guerra — ou mártires. A maioria das covas é delimitada apenas com blocos de concreto.

Alan, Galib, Rehan e Abdullah Kurdi eram quatro dos quase 5 milhões de sírios que fugiram do país desde 2011, quando começou a guerra que já matou quase 400 mil pessoas. Muitos dos que emigraram resolveram voltar para casa, depois de sofrer nos campos de refugiados na Turquia ou se submeter a subempregos mal remunerados no país. Outros voltaram porque viram muita gente morrendo no mar, assustaram-se e chegaram à conclusão de que ir para a Europa não seria a solução.

Depois que a União Europeia assinou um acordo com a Turquia, em março de 2016, ficou ainda mais difícil chegar ao sonho europeu. Para estancar o fluxo de refugiados, a Europa fechou um tratado segundo o qual a cada sírio devolvido pela Grécia à Turquia, a União Europeia se comprometia a receber um cidadão sírio que houvesse pedido refúgio seguindo os trâmites legais e estivesse esperando na Turquia. Em troca, a Europa prometeu 6 bilhões de euros para o governo turco e fechou os olhos para as arbitrariedades do presidente turco Recep Tayyip Erdoğan.

Os europeus estavam desesperados para se livrar desse problema — partidos da direita xenófoba cresciam em vários países, alimentados pela hostilidade aos refugiados. Em uma reunião internacional antes de o acordo ser fechado, Erdoğan chegou a ameaçar as autoridades europeias: "Podemos abrir as portas para a Grécia e a Bulgária a qualquer momento, e colocar os refugiados em um ônibus". A chantagem foi bastante eficaz e o acordo saiu.

Depois disso, o fluxo de refugiados da Turquia para a Grécia praticamente secou. Os refugiados passaram a se acumular na fronteira da Síria ou na Turquia, país que já abriga quase 3 milhões de sírios, muitos vivendo em campos insalubres, sem acesso à assistência médica ou ao mercado de trabalho formal. Outros migrantes ficaram encalhados na Grécia, porque não conseguiram prosseguir rumo ao norte da Europa nem tiveram dinheiro para voltar para a Turquia.

Muitos, como Raushan, Barzan, Berivan e Idris, escolheram refazer a vida na Síria. Mas, antes, precisavam reconstruir suas cidades arrasadas — uma empreitada monumental que está longe de chegar ao fim. Grande parte dos habitantes ainda morava em ruínas no fim de 2016.

Inúmeras famílias se amontoavam em cômodos semidestruídos. Muitos dormiam em barracas improvisadas com plástico azul ou preto, ao lado do que havia sobrado de suas casas. Olhando em volta, parecia que um terremoto tinha se abatido sobre a cidade. Dois dos quatro hospitais de Kobane estavam completamente destruídos. Na maioria, as dezenove escolas da cidade estavam avariadas.

Mas isso não era o pior. O Estado Islâmico tinha por costume deixar um rastro de minas terrestres e explosivos não detonados nas cidades de onde se retirava. Queria se assegurar de que, mesmo derrotado, continuaria matando. Vários vilarejos ao redor de Kobane estavam desertos porque os habitantes tinham medo de voltar para casa. Por todo lado, viam-se placas vermelhas com uma caveira, indicando a presença de minas.

Depois de Kobane ser libertada, o comando da YPG contatou ONGs que trabalham com desminagem. Uma delas, a Handicap International, calculou que havia em média dez explosivos por metro quadrado no centro de Kobane. Ou seja — em um espaço onde cabem seis pessoas de pé, havia dez bombas. Os homens do Daesh deixavam armadilhas dentro de móveis, nas portas das casas, carros e canos, locais onde pessoas comuns seriam atingidas. Chegavam a rechear cadáveres decapitados com explosivos que eram detonados quando alguém tentava movê-los. Havia corpos apodrecendo pela cidade porque as pessoas tinham medo de tocá-los.

As equipes de desminagem usam detectores de minas, veículos que localizam e explodem as minas terrestres, e equipamento para desarmar bombas. ONGs europeias tentaram levar a Kobane equipamento de desminagem logo após a libertação da cidade, mas o governo turco não permitiu que cruzassem a fronteira. Os soldados curdos tiveram que localizar e desarmar as minas e bombas de forma improvisada. Mexiam nos explosivos com as mãos nuas, sem nenhum equipamento de proteção. Segundo Öcalan, dezoito soldados da YPG morreram tentando desarmar minas deixadas pelo Estado Islâmico. Mais de sessenta civis foram mortos ao pisar em minas ou detonar inadvertidamente algum explosivo. De acordo com o Serviço de Ação de Minas das

Nações Unidas (UNMAS), em 2016, 6,3 milhões de pessoas na Síria viviam em áreas contaminadas, onde explosivos não detonados eram uma ameaça.

Os curdos sobreviveram ao cerco a Kobane, mas em 2017, três anos após a crucial batalha, Rojava continuava sitiada. A Turquia, ao norte, considera uma ameaça a mera existência da área autônoma curda na Síria. O governo turco impõe um embargo comercial e frequentemente impede a entrada de mercadorias na área curda. A leste, Rojava faz divisa com o Curdistão iraquiano. O KRG depende economicamente da Turquia e se alinha com a política de Erdoğan de se opor ao PKK e ao PYD, seu afiliado em Rojava. Também impõem embargo. A oeste, indo em direção a Alepo e Afrin, cidade onde vivem os pais de Raushan, grupos de oposição, inclusive extremistas da Al-Qaeda, e forças pró-Assad disputam o controle. E o sul, em direção a Raqqa, ainda é dominado pelo Estado Islâmico.

A Turquia chegou a impedir a entrada de remédios em Rojava. Em novembro de 2015, mais de um ano depois do início do cerco a Kobane e cinco meses após o massacre, faltavam diversos medicamentos e vacinas na cidade. "A incidência de doenças de pele e neurológicas vem aumentando desde o início da guerra", declararam médicos de uma associação de Kobane.[49] "Há cada vez mais casos, porque as pessoas retornando dos campos na Turquia trazem doenças. Outro motivo para a disseminação de infecções são os cadáveres de extremistas do Estado Islâmico que ainda estão sob os destroços. Quando crianças brincam na rua, com o entulho, elas contaminam as mãos com bactérias e depois tocam o rosto. Animais também estão espalhando doenças."

Até 2017, o embargo continuava atrasando a reconstrução de Kobane e de outras cidades destruídas pela guerra. A Turquia barra materiais de construção como cimento, vidro e aço, e máquinas essenciais. Esses produtos só entram em Rojava por contrabando e ficam, portanto, muito mais caros. O embargo não apenas atrasa a reconstrução como também mina a confiança das pessoas. Os moradores de Kobane têm medo do futuro em uma terra cercada de inimigos e acabam fazendo apenas consertos provisórios em suas casas, pensando que terão de fugir novamente em breve.

No Curdistão iraquiano não é muito diferente. Às vezes os curdos iraquianos proíbem a venda de açúcar e o produto falta em todo lugar na Síria. Eles também não permitem a importação de geradores mais potentes, bastante necessários em Rojava, porque a infraestrutura de energia foi danificada na guerra. Peças de carros são contrabandeadas em mulas que vêm da região iraquiana de Sinjar, ainda sob controle do PKK e da YPG.

O regime de Bashar al-Assad também faz de tudo para atrapalhar. O governo de Rojava queria importar equipamentos gráficos para imprimir os novos livros escolares em kurmanji — pela primeira vez, as crianças curdas podiam estudar em sua própria língua. Mas o governo sírio não autorizou e contrabandistas os levaram por terra, a preços bem mais altos. O regime também proíbe a importação de equipamentos médicos. Para completar, as áreas curdas recebem milhares de sírios fugindo da guerra em outras regiões do país. Isso sobrecarrega uma região ainda em recuperação.

Apesar de todos esses obstáculos, o trabalho de reconstrução está avançando. Muitas estradas e ruas foram asfaltadas, dois hospitais foram reconstruídos e outros dois abertos. Quinze escolas foram restauradas. Depois de retomarem o controle da represa de Tishreen, que estava sob poder do Daesh, os curdos em Kobane voltaram a ter energia. Mas os turcos passaram a reduzir o fluxo do rio Eufrates, limitando a capacidade de geração de eletricidade, obrigando os habitantes a depender dos geradores à noite.

"Ainda estamos cercados, porque as fronteiras estão fechadas e extremistas controlam áreas próximas", diz Idris Nassan, ex-ministro das Relações Exteriores do cantão de Kobane que agora trabalha em uma ONG que ajuda na reconstrução da cidade. Segundo Nassan, faltava reconstruir muitas casas e fábricas para que as pessoas voltassem a ter onde morar e trabalhar. O desemprego ainda era alto e muita gente não havia voltado. Muitos viviam com dinheiro mandado por familiares que conseguiram chegar à Europa.

Mas Nassan era outro que se negava a deixar Kobane: "Minhas memórias, risadas, choros, amigos e família, tudo está aqui nesta terra. Nós lutamos a vida toda para que reconhecessem os direitos dos curdos. Como eu posso ir embora agora, quando nós finalmente temos uma chance de conquistá-los?". Os curdos sabem que Kobane se transformou no símbolo da luta pela liberdade de Rojava.

No norte da cidade, foi criado um museu ao ar livre para que ninguém se esquecesse da batalha que foi a Stalingrado dos curdos. Dentro de um cercado, uma parte da cidade foi mantida do jeito como ficou após o cerco — carros calcinados, prédios e casas destruídas, restos de armamentos e muitos destroços. Na praça da Liberdade, a famosa águia de concreto continua inabalável, apesar dos buracos de bala, testemunhas dos vários confrontos que ali se travaram. Ladeando a estátua, dois tanques usados pelo Estado Islâmico para entrar na cidade. Queimados.

Reencontro

Raushan não via seus pais havia dois anos.

Afrin, a cidade onde Hekmat e Elena voltaram a morar após breve período na Rússia, está separada de Kobane por duzentos quilômetros repletos de extremistas do Estado Islâmico, de terroristas da Al-Qaeda, de soldados turcos e de pelotões pró-Bashar al-Assad. Àquela altura, dirigir de Kobane a Afrin era uma missão suicida. O jeito seria pegar um atalho pelo território turco. Mas Barzan e Raushan foram deportados da Turquia em 2015, por causa do ativismo pela autonomia de Rojava, e não podiam mais entrar no país.

A vida de Hekmat e Elena em Afrin não era fácil. Engenheiro, o pai de Raushan trabalhava para o governo sírio, e era obrigado a dirigir até Alepo para buscar seu contracheque todos os meses. Precisava ir pessoalmente para "provar que estava vivo".

Alepo era palco de batalhas cruentas entre o Exército Livre da Síria, os extremistas da Al-Qaeda e Al-Nusra e as tropas do governo sírio, que tinham apoio da Rússia e do Irã. Mais de 30 mil pessoas morreram na cidade.

Hekmat chegava religiosamente ao escritório do regime sírio em Alepo no dia 8 de cada mês. Muitas vezes, viu bombas caírem bem perto de onde estava. Por vinte meses, a resposta no escritório era a mesma: não temos dinheiro. Apesar de ele continuar trabalhando normalmente, não recebeu um tostão durante todo esse tempo. Vivia do dinheiro que Raushan e seus dois irmãos, que ainda viviam na Rússia, mandavam todo mês.

Em fevereiro de 2017, Hekmat voltou a receber seu salário, o equivalente a oitenta dólares. Por causa da guerra, mal dava para comprar o básico no mercadinho.

Então veio a doença. Por seis meses, o pai de Raushan tinha sofrido com dores abdominais. Tentou encontrar um médico bom em Afrin, mas quase todos tinham ido embora da Síria. Por fim, marcou uma consulta com o ginecologista de Raushan. O médico diagnosticou um tumor no pâncreas.

Hekmat garantiu a Raushan que não era grave e que ele não ia precisar de cirurgia. Ela não sabia o que pensar. Nessas horas, Raushan ficava ainda mais aflita por não poder voltar para casa e visitar seus pais. Alguns dias depois, as notícias ficaram piores. Um exame mostrava que o câncer tinha se alastrado silenciosamente. Havia metástases no pulmão e em outros órgãos. Seu pai teria no máximo alguns meses de vida, dizia o médico.

Hekmat queria ver sua filha antes de morrer. Raushan queria alegrar os últimos dias do pai. Tinham de encontrar um jeito de chegar a Afrin. Passariam por Manbij, controlada pelos curdos, que libertaram a cidade do jugo do Estado Islâmico e vinham oprimindo a população árabe local. A poucos quilômetros, havia forças turcas que frequentemente bombardeavam a YPG, em retaliação a seus vínculos com o PKK, em guerra contra o governo do presidente Erdoğan. Por ali estavam também tropas russas aliadas do regime de Bashar al-Assad, que atacavam a oposição síria ligada à Al-Qaeda e civis incautos. Soldados americanos se postavam na fronteira para evitar um choque entre turcos e curdos. A travessia era um resumo da multidão de países, gangues e interesses disputando o controle da Síria.

Percorreram os duzentos quilômetros que separam Kobane de Afrin com uma escolta da YPG. Encontraram apenas soldados russos no caminho. Se os dois tivessem sido pegos por tropas do regime, seriam no mínimo presos. Se caíssem nas mãos da oposição ligada à Turquia, certamente estariam mortos.

Raushan ficou aliviada de voltar depois de tantos anos à casa em que cresceu e onde viviam os pais. Seu pai tinha um ar cansado. Perdera mais de quinze quilos. As dores iam e voltavam. Mas não tinha desistido.

À noite, ouviam-se as explosões e as paredes tremiam. A casa dos pais de Raushan ficava a vinte quilômetros de Azaz, cidade controlada pelos oposicionistas do Exército Livre da Síria, apoiados pela Turquia e inimigos dos curdos. Havia uma base russa a três quilômetros dali.

Para as sessões de quimioterapia, o pai precisava ir até Alepo. Raushan conseguiu um documento que funcionava como salvo-conduto para passar pelas áreas controladas pelo regime de Bashar al-Assad e contratou um guarda-costas tchetcheno, de dois metros de altura, que andava coberto de cartuchos de fuzil. Já não conseguia acompanhar as mudanças no front, nem sabia quem estava apoiando quem na guerra. Mas não se importava. Só queria passar pelos *check-points* para levar o pai às sessões de quimioterapia.

Raushan e Barzan ainda não haviam tomado coragem para reconstruir o apartamento em que iam morar depois da lua de mel. A pilha de destroços continuava lá, rebotalho de um ataque aéreo dos Estados Unidos durante o cerco. Alugaram uma casa em Derik, cidade colada na fronteira da Síria com o Iraque, a 450 quilômetros de Kobane. O resto da família estava em Kobane.

Pelo menos uma vez por mês, Raushan e Barzan enfrentavam os perigos da estrada e os inúmeros postos de controle para ir até lá.

Liza, a gatinha de Raushan, virou soldada — passou a morar no quartel da YPJ. Depois que teve filhotes, ficou temperamental, e Barzan achou melhor mandá-la para o "serviço militar".

Raushan ficou com um dos filhotes e o batizou de Debou. Debou acompanha Raushan e Barzan para todo o lado, até quando vão fazer reportagens em áreas perigosas. Os dois continuam trabalhando como *fixers*, ajudando jornalistas norte-americanos, russos, turcos e iraquianos na Síria.

Ela confiava que, muito em breve, as terras curdas seriam unificadas no norte do país. Mas esse dia parecia cada vez mais distante. Os turcos ocuparam parte do território sírio para garantir que os três cantões curdos não iriam se unir. O Exército da Turquia e as milícias apoiadas por Ancara estavam atacando os soldados curdos na região.

Raushan gostaria de terminar a faculdade de direito que precisou largar no segundo ano, depois do assassinato de sua colega Hala. Mas, com a doença do pai, tudo entrou em compasso de espera. Quando o pai melhorasse, ela planejava se dedicar a um novo emprego: um programa de notícias em um canal de televisão de Rojava. Barzan seria o diretor e Raushan uma das âncoras. O programa seria em árabe em vez de kurmanji. A ideia era mostrar para um público mais amplo o que estava acontecendo nessa parte da nação curda e no resto da Síria. "Vou ser uma daquelas mulheres estúpidas com óculos de lentes grossas que apresentam as notícias sobre o país. Estou bem animada."

Com a entrada da Rússia na guerra em setembro de 2015, as forças do regime de Assad se recuperaram e o jogo começou a virar, com a reconquista de Alepo, a segunda maior cidade da Síria. As tropas do regime, aliadas aos caças russos, continuavam a atacar civis indiscriminadamente.

Os bombardeios da coalizão liderada pelos Estados Unidos na Síria e no Iraque enfraqueceram o Estado Islâmico. Com a libertação de cidades, os extremistas iam perdendo em arrecadação de impostos. Campos de petróleo e refinarias controlados pelo EI foram atingidos, cortando uma importante fonte de recursos. Mas a facção se mostrava resiliente, fato comprovado pela dificuldade de se retomarem as cidades de Mossul, no Iraque, e Raqqa, na Síria, e pela intensificação dos ataques em outros países como França, Bélgica e Turquia.

Barzan continuava indo para o front. Preparava-se para acompanhar as tropas curdas na ofensiva para reconquistar Raqqa, cidade que estava sob poder do Estado Islâmico havia mais de quatro anos.

Para Raushan e Barzan, era difícil fazer planos para o futuro. Ela queria engravidar; tinha 33 anos, já era "velha para ter filhos, segundo os padrões do Oriente Médio", como dizia. Estavam tentando havia dois anos. Poderiam juntar dinheiro e tentar ir para o Iraque, onde havia clínicas de inseminação artificial. Mas não queria: "Sei por que não consigo engravidar. Tenho medo de criar um filho aqui. Não sei o que vai acontecer na Síria amanhã. Estou sem coragem de trazer uma criança para a guerra".

Hekmat morreu em setembro de 2017.

Epílogo

Em 17 de março de 2016, os curdos deram mais um passo em direção à tão sonhada nação: declararam um sistema federativo abrangendo os três cantões do norte da Síria: Jazira, Kobane e Afrin. Essa área autônoma, chamada de Rojava pelos curdos sírios, é do tamanho da Bélgica e abriga 4 milhões de pessoas, das quais 65% são curdas. O restante se divide entre árabes, turcomenos e assírios.

Não se trata de uma área contínua, no entanto. Hoje em dia, os cantões de Jazira e Kobane são separados do cantão de Afrin por uma faixa de terra controlada em parte pela oposição ao regime, apoiada pela Turquia, em parte pelo governo sírio, além de alguns bolsões controlados por extremistas.

O grande sonho dos curdos é unir os três cantões. Eles garantem que não querem independência — desejam apenas uma democracia sem Estado, e têm como objetivo manter os três cantões unidos e autônomos dentro de uma Síria federalizada. Mas sabem que, para manter sua autonomia, terão mais guerra pela frente. Em agosto de 2016, os turcos lançaram a operação Escudo do Eufrates, cujo objetivo declarado era ajudar a coalizão no combate ao Estado Islâmico na região próxima à fronteira turca, mas, na realidade, tinha como propósito impedir que os três cantões curdos se unissem fisicamente.

O primeiro-ministro turco, Binali Yıldırım, afirmou que a Turquia nunca permitiria a formação de um "Estado artificial" no norte da Síria. O presidente turco Recep Tayyip Erdoğan continuava dizendo que o governo curdo na Síria, assim como o PKK, são grupos terroristas. O grande temor da Turquia é a formação de uma região autônoma com uma extensão de terra ininterrupta na fronteira com a Síria, o que poderia inflamar o movimento de autonomia dos curdos na Turquia.

No início de 2017, grupos de oposição a Assad, apoiados pela Turquia, já controlavam um pedaço da fronteira da Síria com a Turquia a oeste de Kobane. Com eles, o Exército turco passou a atacar as forças lideradas pela YPG curda, chamadas de Forças Democráticas da Síria (FDS). As FDS, que são apoiadas pelos Estados Unidos, reocuparam a cidade de Manbij, antes sob domínio do Estado Islâmico. Mas a Turquia não quer que os curdos controlem essa cidade — isso significaria que estariam mais próximos de unir os três cantões no norte da Síria.

Após embates entre o Exército turco e as forças curdas perto de Manbij, em março de 2017, os Estados Unidos enviaram soldados das Forças Especiais para apaziguar os ânimos e garantir apoio aos curdos. Mas os turcos não recuaram. Em junho de 2017, o Exército da Turquia estacionou inúmeros tanques, canhões e veículos blindados dentro da Síria, perto das cidades de Azaz, Marea e Tell Rifaat. Eles já haviam estabelecido algumas bases dentro do país.

Forças turcas começaram a bombardear Afrin, a cidade onde moram os pais de Raushan e onde ela tem passado muito tempo.

É um processo sem fim — sai o Estado Islâmico, entram os turcos. Em breve, quem sabe, virão exércitos do regime sírio. No Twitter, os curdos lançaram uma campanha #TURKEYHANDSOFFAFRIN.[50]

Os Estados Unidos discordam da Turquia, seu aliado na Otan, e colaboram ativamente com a YPG e, segundo relatos, já têm duas bases em Rojava. O PYD e suas milícias eram os melhores e mais confiáveis aliados dos Estados Unidos na luta contra o Estado Islâmico. Com o apoio norte-americano, eles lutavam para retomar Raqqa, a capital de facto do Estado Islâmico na Síria. Mas isso não significa que Washington endosse as ambições de autonomia dos curdos.

Não se sabe se os Estados Unidos sob o presidente Donald Trump irão continuar apoiando os curdos, e até que ponto. Tampouco é garantido que o regime de Bashar al-Assad, fortalecido pelo apoio das forças russas e iranianas, irá deixar os curdos manterem sua autonomia. O regime em Damasco considera a declaração de federalismo dos curdos "um ataque à unidade territorial da Síria". E o governo curdo de Rojava teme que haja uma colaboração crescente entre a Turquia e a Síria para neutralizar o separatismo curdo. A aproximação entre a Turquia e os russos também não é de bom augúrio para Rojava.

Os curdos nem sequer têm voz nas discussões sobre o futuro da Síria; foram excluídos de todas as negociações de paz, por pressão do governo turco e da oposição síria. No entanto, a sociedade igualitária dos curdos na Síria foi e será essencial para derrotar o obscurantismo do Estado Islâmico.

Mas será que os norte-americanos vão ceder às pressões da Turquia e rifar os curdos? A comunidade internacional assistiria impassível aos turcos bombardearem os curdos na Síria, os mesmos curdos que derrotaram o Estado Islâmico ao lado dos americanos e outros da coalizão? Ficariam inertes quando o regime de Bashar al-Assad, com apoio da Rússia e do Irã, usar seus bombardeios aéreos para retomar o controle de Rojava? Não seria a primeira vez que os curdos seriam traídos.

"A vitória e a dignidade de Kobane deveriam encher de esperança todos os povos do Oriente Médio e além", escreveu a ativista curda Dilar Dirik.[51]

> Cercados pela bandeira negra do Estado Islâmico, pelo sangrento regime de Assad, pelo brutal Estado turco, por um embargo sufocante, por cálculos frios de política externa das potências globais, por tensões étnicas e guerras sectárias, o sorridente povo de Kobane manteve seus princípios revolucionários e ajudou o sol da Mesopotâmia a nascer, diante de toda essa escuridão.

A autonomia ou independência dos curdos na Síria poderia ser o primeiro passo para desfazer as fronteiras artificiais delineadas pelo acordo Sykes-Picot, que permitiu às potências coloniais retalharem o Oriente Médio de acordo com suas conveniências, no século XX, e está no cerne de todos os conflitos dessa região tão castigada.

Notas

1. "UN Envoy Invokes Srebrenica Massacre in Call for Help for Syrian Town of Kobane", Karen DeYoung. *The Washington Post*, Washington, DC, 10 out. 2014.
2. Paul Danahar, *The New Middle East: The World after the Arab Spring*. Londres: Bloomsbury Publishing, 2013.
3. Annick Cojean, *Gaddafi's Harem*. Nova York: Grove Press, 2014.
4. Martin Chulov e Luke Harding, *Libya: Murder in Benghazi and the Fall of Gaddafi* (*Guardian Shorts*). Londres: Guardian Books, 2013.
5. Na partilha do Oriente Médio pelas potências coloniais europeias, após a derrota do Império Otomano na Primeira Guerra Mundial, a França ficou com a área que corresponde atualmente ao território da Síria e do Líbano.
6. Citado em Fouad Ajami, *The Syrian Rebellion*. Stanford: Hoover Institution Press, 2012.
7. Thomas Friedman, *From Beirut to Jerusalem*. Nova York: Picador, 2012.
8. Peter Calvert, *Latin America in the Twentieth Century*. Londres: Palgrave Macmillan, 1993.
9. "Secret Assad E-mails Lift Lid on Life of Leader's Inner Circle", Robert Booth, Mona Mahmood e Luke Harding. *The Guardian*, Londres, 14 mar. 2012.
10. É a lei islâmica.
11. "Behind Biden's Gaffe Lie Real Concerns about Allies' Role in Rise of the Islamic State", Adam Taylor. *The Washington Post*, Washington, DC, 6 out. 2014.
12. É o véu que cobre todo o rosto, menos os olhos.

13. É a túnica longa e preta.

14. Harriet Allsopp, *The Kurds of Syria: Political Parties and Identity in the Middle East*. Nova York: I. B. Tauris, 2015.

15. David Fromkin, *A Peace to End All Peace: The Fall of the Ottoman Empire and the Creation of the Modern Middle East*. Nova York: Henry Holt and Company, 1998.

16. Harriett Allsopp, op. cit.

17. "Repression of Kurdish Political and Cultural Rights in Syria, 2009", Human Rights Watch, 26 nov. 2009.

18. "Syria: Unfair Trial of Kurdish Prisoners of Conscience and Torture of Children Is Totally Unacceptable", Anistia Internacional, 29 jun. 2004.

19. Kurd Watch entrevista Salih Muslim Muhammad, copresidente do PYD, em 20 out. 2011.

20. "Eu fugi rapidamente", em inglês.

21. *A Small Key Can Open a Large Door: The Rojava Revolution*, de Strangers in a Tangled Wilderness. Chico, CA: AK Press, 2015.

22. "Why Is the World Ignoring the Revolutionary Kurds in Syria?", David Graeber. *The Guardian*, Londres, 8 out. 2014.

23. É a comunidade islâmica.

24. Sami Moubayed, *Under the Black Flag: At the Frontier of the New Jihad*. Nova York: I. B. Tauris, 2015.

25. "'I Lost All Hope' Graves and Memories after Killings at Sinjar", Florian Neuhof. *The National*, Abu Dhabi, 29 nov. 2015.

26. "Deus é grande", em árabe.

27. "Q&A: Probing Islamic State's Sex Atrocities with the United Nations", James Reinl, *Middle East Eye*, Londres, 18 maio 2015.

28. Michael Weiss e Hassan Hassan, *Isis: Inside the Army of Terror*. Nova York: Regan Arts, 2015.

29. "Testimonies from Kocho: The Village ISIS Tried to Wipe off the Map", Donatella Rovera, Anistia Internacional, 18 ago. 2014.

30. Sami Moubayed, op. cit.

31. "Isis Inc: How Oil Fuels the Jihadi Terrorists", Erika Solomon, em Beirute; Guy Chazan e Sam Jones, em Londres. *Financial Times*, Londres, 14 out. 2015.

32. Charles R. Lister, *The Syrian Jihad: Al-Qaeda, the Islamic State and the Evolution of an Insurgency*. Oxford: Oxford University Press, 2016.

33. "Up to 700 Trapped in Syrian Kurdish Town of Kobane, UN Says", BBC, Londres, 10 out. 2014.

34. "Kobane Conflict: Woman Describes Daily Life in City", BBC, Londres, 6 nov. 2014.

35. "Kurds Fear Isis Use of Chemical Weapon in Kobani", Emma Graham-Harrison, *The Guardian*, Londres, 24 out. 2014.

36. "Why Kobani Must Be Saved", *The New York Times*, Nova York, 24 out. 2014.

37. "Obama's 'Don't Do Stupid Shit' Foreign Policy", David Rothkopf, *Foreign Policy*, Washington, DC, 4 jun. 2014.

38. "US Cooperated Secretly with Syrian Kurds in Battle Against Islamic State", Adam Entous, Joe Parkinson, Julian E. Barnes, *The Wall Street Journal*, Nova York, 21 out. 2014.

39. "FSA Disappointed with US Airdropping Weapons to Kurds", Yusuf Selman Inanç, *Daily Sabah*, Istambul, 23 out. 2014.

40. "Camarada Obama!", em curdo.

41. "Vida longa a Apo!", em curdo.

42. *A Small Key Can Open a Large Door: The Rojava Revolution*, op. cit.

43. "Syria: Deliberate Killing of Civilians by Isis", Human Rights Watch, 3 jul. 2015.

44. "'We had nowhere to go': Forced Displacement and Demolitions in Northern Syria", Anistia Internacional, 13 out. 2015.

45. "Permitidas", em árabe.

46. "Western Fascination with 'Badass' Kurdish Women", Dilar Dirik, *Al-Jazeera*, Doha, 29 out. 2014.

47. "The Kurdish Woman Building a Feminist Democracy and Fighting Isis at the Same Time", Bethan McKernan, em Beirute, *The Independent*, Londres, 5 jan. 2017.

48. "'He Slipped Through my Fingers' Says Father of Syrian Toddler Aylan Kurdi", Yaşar Anter, *Dogan News Agency*, Istambul, 3 set. 2015.

49. "Rebuilding Kobanê", Tom Anderson e Eliza Egret, *Red Pepper*, Londres, 11 jan. 2016.

50. "Turquia, tire as mãos de Afrin", em inglês.

51. *A Small Key Can Open a Large Door: The Rojava Revolution*, op. cit.

Glossário

ABDULLAH ÖCALAN: Fundador e líder do Partido dos Trabalhadores Curdos (PKK). Chamado de Apo por seus apoiadores, sua imagem é onipresente em bandeiras e fotos nas regiões curdas da Turquia e no norte da Síria. Soldados costuram em seus uniformes insígnias com sua efígie. Todos carregam livrinhos de sua autoria. Ao dar abrigo ao líder do PKK, a Síria apostou no jogo de "o inimigo do meu inimigo é meu amigo" contra a Turquia. Em 1998, a Turquia ameaçou invadir a Síria se Assad não entregasse Öcalan. O líder do PKK acabou fugindo da Síria e fez um périplo por várias nações até ser preso pela polícia secreta turca, em 1999, em Nairobi, no Quênia. Foi julgado e condenado à morte, pena depois transformada em prisão perpétua. Öcalan foi transferido para a prisão da ilha de İmralı, no mar de Mármara, onde foi o único prisioneiro durante onze anos. Na prisão, que hoje em dia abriga só outros três detentos e é conhecida como a Alcatraz turca, Apo está em uma solitária e não tem permissão para receber visitas de sua família há dois anos. Não fala com seus advogados desde 2011. Desde que foi preso, Öcalan abandonou o marxismo e deixou de reivindicar a independência do Curdistão. Ele prega apenas autonomia para as áreas curdas. Öcalan também renunciou à violência como forma de atuação do PKK, embora o grupo ainda endosse assassinatos de policiais e militares como "forma de autodefesa" contra agressões aos curdos.

AKP: Partido Justiça e Desenvolvimento. Partido islâmico turco fundado em 2001 pelo atual presidente do país, Recep Tayyip Erdoğan.

AL-QAEDA: Organização jihadista sunita fundada pelo saudita Osama bin Laden nos anos 1980.

ANFAL (OPERAÇÃO DE): No final da guerra entre Irã e Iraque (1980-8), o regime de Saddam lançou uma ofensiva contra os curdos no norte do Iraque chamada de Campanha de Al-Anfal. Entre 1986 e 1988, entre 100 mil e 200 mil curdos foram mortos com armas químicas ou em campos de detenção. À frente da campanha estava Ali Hassan al-Majid, um primo de Saddam que ficou conhecido como Ali Químico. Ele tinha poder sobre todo o norte do Iraque e foi o arquiteto do genocídio curdo. O regime de Saddam se tornou um dos primeiros da história a atacar seus próprios civis com armas químicas. Assad viria em seguida, em 2013, com seu ataque de gás sarin contra civis em Ghouta, subúrbio de Damasco com 2 milhões de habitantes. Mais de 1200 pessoas morreram. "A resposta do Ocidente a essas atrocidades seguia um padrão que variava do silêncio diplomático e indiferença a alianças periódicas com grupos curdos, sem nenhum acompanhamento posterior, e acabavam tachando de terrorismo qualquer resistência curda armada."

ARABIZAÇÃO: Processo conduzido pelo governo sírio nos anos 1960 e 1970 para diluir a maioria curda na região norte da Síria, com assentamento de famílias árabes em terras que foram confiscadas dos curdos, e também com a deportação de curdos. A ideia era criar um "cinturão árabe" perto da fronteira entre Síria e Turquia, para separar fisicamente os curdos sírios dos curdos turcos. O plano, desenhado em 1965, previa um cinturão de quinze quilômetros de largura ao longo de 280 quilômetros de fronteira com a Turquia. Os curdos vivendo nessas áreas seriam "deportados" para outras regiões no interior da Síria. O reassentamento começou no início dos anos 1970. O governo passou a acomodar árabes em "vilarejos com fazendas-modelo", no jargão oficial, nas áreas curdas. Para construírem essas fazendas, eles desapropriaram terras que pertenciam a curdos. Em 1975, o regime de Hafez al-Assad instalou 4 mil famílias árabes em 41 fazendas-modelo na região curda. O projeto de arabização foi suspenso em 1976, mas os vilarejos árabes continuam lá, até hoje, e os curdos não puderam voltar para as suas terras.

BAATH: Como o significado da palavra árabe sugere, o renascimento era um dos objetivos do partido político — a volta à glória dos povos islâmicos, que se daria através da formação de uma única nação árabe. Foi fundado em 1947 pelo sírio cristão Michel Aflaq e pelo muçulmano sunita Salah ad-Din al-Bitar. Secular, nacionalista e anti-imperialista, defendia um dirigismo econômico inspirado na União Soviética. Sob o lema Unidade, Liberdade e Socialismo, reunia a população civil e militares dos países árabes interessados em derrubar os governos locais apoiados pelas potências europeias e criar nações modernas e industrializadas. O objetivo era criar uma única nação pan-árabe no Oriente Médio, no entanto jamais foi bem-sucedido. Em 1958, o Egito de Gamal Abdel Nasser se uniu à Síria para formar a República Árabe Unida, que durou apenas três anos, em meio a disputas de poder. No Iraque, o Baath esteve à frente do governo de 1968 até a queda de Saddam Hussein durante a invasão americana em 2003.

CALIFA: Sucessor de Maomé, o profeta do islã. O califa é o governante de um Estado soberano de população muçulmana sunita. Segundo a tradição, o califa precisa ser descendente do poderoso clã Quraysh de Meca, o berço do islã.

CENSO DE 1962: O censo foi conduzido em apenas um dia. Para muitos foi uma surpresa, outros não conseguiram achar a tempo os documentos necessários ou não estavam em casa no dia do censo. Alguns decidiram não participar para evitar alistamento militar compulsório ou pagamento de impostos. Entre 120 mil e 150 mil curdos foram destituídos da cidadania síria e registrados como *ajanib*, estrangeiros. Outros 100 mil nem sequer foram registrados, porque não quiseram participar do censo, não foram encontrados ou não apareceram. Eles são considerados *maktumiin*, ou não registrados. Os curdos apátridas são párias. Eles não têm acesso a serviços básicos e enfrentam discriminação diária. Não podem tirar passaporte, nem qualquer tipo de identidade. E documentos de identidade são exigidos para tudo na Síria, desde se movimentar dentro do país até conseguir emprego. Com isso, os *ajanib* e os *maktumiin* não podem sair da Síria (ou, se saírem, não conseguem voltar). Não podem se tratar nos hospitais públicos, nem votar, nem se candidatar a cargos no governo. São proibidos de ser médicos, advogados, jornalistas, engenheiros ou qualquer profissão que exija filiação a um sindicato ou a uma associação de classe. Não têm permissão para comprar terrenos ou imóveis, nem ser donos de empresas. As crianças *maktumiin* só podem estudar até os catorze anos e são proibidas de cursar a universidade. A regularização dos apátridas sempre foi uma das principais reivindicações dos curdos em suas manifestações contra o governo sírio. Em 2011, na tentativa de convencê-los a apoiar o regime na guerra civil, Assad baixou um decreto concedendo cidadania aos *ajanib* (mas não aos *maktumiin*). Não está claro quantos se beneficiaram, porque para ganhar a cidadania eles precisavam procurar autoridades e dar início a um processo burocrático.

CURDISTÃO: Região que se estende pelos territórios da Turquia, Irã, Iraque e Síria habitada majoritariamente por curdos. No Irã e no Iraque corresponde a unidades administrativas internas. Os curdos já estiveram próximos do sonho do país próprio. Em 1914, no início da Primeira Guerra Mundial, o Império Otomano incluía não apenas o território atual da Turquia, mas também toda a área onde existem hoje Israel, Jordânia, Síria, Líbano, Iraque e Arábia Saudita. Os otomanos se aliaram à Alemanha e ao Império Austro-Húngaro para enfrentar a Grã-Bretanha e a França e foram derrotados. Em 1916, França e Grã-Bretanha assinaram um acordo secreto, o fatídico Sykes-Picot, e antes mesmo do fim da guerra começaram a dividir o espólio do Império Otomano. Novos países foram criados não de acordo com as populações, etnias e religiões de cada local, mas para satisfazer o interesse dos ingleses ou dos franceses. As terras ocupadas pelos curdos faziam parte do butim das potências. A desintegração do Império Otomano deu origem ao moderno Oriente Médio. As autoridades que desenhavam as fronteiras nada sabiam da região e juntavam tribos rivais ou povos díspares no mesmo país, plantando a semente dos conflitos sectários que assolam a região até hoje. Depois do fim da guerra, em 1918, as potências assinaram vários acordos para retalhar a região de acordo com seus interesses. Firmado em agosto de 1920, o Tratado de Sèvres determinava que os otomanos renunciariam a todos os territórios que não eram originalmente turcos, entre eles a Síria, que se transformaria em um protetorado francês. O acordo dava autonomia ao Curdistão, prevendo um referendo, e independência à Armênia, anteriormente sob jugo otomano. Como notou o então presidente francês Raymond Poincaré, o lugar escolhido para a assinatura do acordo — a cidade de

Sèvres, perto de Paris — não era auspicioso. Sèvres era conhecida por sua porcelana, que era frágil e quebrava facilmente. O tratado levou à revolta entre camadas da população turca, porque previa a perda de grande parte do território do império, e foi o estopim da guerra da independência turca liderada pelo nacionalista Mustafa Kemal Atatürk, que queria garantir a integridade territorial e política da Turquia. No dia 24 julho de 1923, os países aliados assinaram um novo tratado, em Lausanne, com o grupo liderado por Atatürk, definindo as fronteiras da Turquia moderna. E assim jogou pela janela o tratado anterior, de Sèvres, e o projeto curdo de ter um país. O novo tratado nem sequer mencionava a existência dos curdos. Como primeiro presidente da recém-criada República da Turquia, Atatürk baixou uma série de medidas para "assimilar" os curdos (que passaram a ser chamados de "turcos da montanha") e apagar sua identidade. Proibiu que falassem curdo em público, restringiu celebrações curdas, "turquizou" nomes de ruas, de empresas e de pessoas. Seguiram-se várias rebeliões dos curdos, que foram sufocadas com violência pelo governo turco. Em meio à repressão, houve um grande êxodo de curdos para o norte da Síria.

CURDOS: No Oriente Médio, convivem cinco grupos étnicos: árabes, judeus, turcos, persas e curdos. Os curdos são etnicamente relacionados aos persas, que ocupam o território que corresponde ao Irã, e não aos árabes, majoritários na região. Há cerca de 32 milhões de curdos, que se dividem entre Turquia, Síria, Iraque e Irã.

DAESH: Acrônimo em árabe para Estado Islâmico.

EXÉRCITO LIVRE DA SÍRIA (ELS): Milícia síria formada por civis e ex-militares, é uma das principais forças de oposição a Bashar al-Assad.

HALABJA (MASSACRE DE): Referência ao ataque com armas químicas do ex-presidente iraquiano Saddam Hussein contra os curdos no norte do Iraque. Em 16 de março de 1988, aviões do Exército iraquiano bombardearam a cidade de Halabja com gás sarin e gás de mostarda, matando 5 mil pessoas. Outros 10 mil civis ficaram feridos. Embora o uso de armas químicas seja banido, a Liga Árabe não condenou os ataques contra os curdos — e foi acusada de racismo e de tolerar as armas químicas porque tinham afetado os separatistas.

IRMANDADE MUÇULMANA: grupo político-religioso fundado em 1928 no Egito. Presente em vários países da região, prega o estabelecimento da lei islâmica e a resistência à penetração dos países ocidentais no Oriente Médio e no norte da África. Proscrito na Síria após o Baath assumir o poder em 1963.

JIHAD: Segundo o Alcorão, jihad é a luta ou esforço que cada pessoa deve empreender para superar obstáculos, corrigir erros e ficar mais próxima de Deus. Mas a palavra jihad também tem um segundo significado, que é lutar contra a opressão e a tirania e defender a fé. Os chamados jihadistas desvirtuam essa luta contra a tirania, usam como desculpa para justificar seus ataques contra tudo e todos que eles consideram não islâmicos, desde xiitas e alauitas até ocidentais em geral. O islamismo é uma religião plural, que preconiza a tolerância. Os radicais pregam que é preciso matar os infiéis nessa "guerra santa" e consideram legítimo o uso de qualquer método, inclusive atentados, para impor a lei islâmica.

KURMANJI: dialeto curdo falado no norte da Síria.

LIGA ÁRABE: Organização que reúne 22 países árabes. A Síria está suspensa desde 2011 por causa da Guerra Civil.

LÓ: Segundo o Alcorão, Ló tentou convencer o povo das cidades de Sodoma e Gomorra a abandonar a luxúria, mas foi ignorado e as cidades foram incendiadas. O islã prega que o povo de Ló foi destruído por transgredir regras morais. A expressão "povo do profeta Ló" se refere a relações sexuais entre pessoas do mesmo gênero.

MUJAHIDIN: Combatente islâmico ou jihadista.

MUKHABARAT: Polícia secreta síria.

NIQAB: Véu feminino que cobre o rosto, com exceção apenas dos olhos.

NOWRUZ: O principal feriado dos curdos, o Nowruz, celebra a libertação dos curdos do rei mitológico Zuhak e a chegada da primavera. Segundo a lenda, há 2500 anos os curdos eram governados por um rei cruel chamado Zuhak. Durante seu reinado, não havia primavera no Curdistão. Todo dia era inverno. Em seus ombros havia duas serpentes. Para impedir que devorassem seu cérebro, todos os dias Zuhak as alimentava com o cérebro de dois jovens. O ferreiro Kawa já tinha perdido seis filhos para Zuhak. Quando chegou a hora de sacrificar mais dois, ele se rebelou. Arrebanhou um bando de homens, invadiu o palácio de Zuhak e matou o rei com uma martelada na cabeça. Para mostrar ao povo curdo que o tirano estava morto, Kawa acendeu fogueiras nos morros. O ferreiro assumiu o trono e os curdos se livraram do déspota Zuhak, que havia reinado por mil anos.

OTAN (Organização do Tratado do Atlântico Norte): Aliança militar que inclui a Alemanha, o Canadá, os Estados Unidos, a França, entre outros países.

PESHMERGA: Expressão que os curdos usam para se referir aos seus combatentes. Literalmente, aquele que enfrenta a morte.

PKK: Partido dos Trabalhadores do Curdistão. Organização separatista curda fundada em 1984 por Abdullah Öcalan na Turquia.

PYD: Partido da União Democrática. Partido confederalista democrático curdo, fundado em 2003 no norte da Síria.

RELAÇÕES SÍRIA-RÚSSIA: A Síria havia se alinhado à União Soviética desde a Guerra Fria, em troca de fornecimento de armas. Foi durante o governo de Hafez al-Assad, em 1971, que a então União Soviética ganhou sua única base militar no mar Mediterrâneo, em Tartus, na Síria. Desde então, o intercâmbio entre os dois países passou a ser intenso. Milhares de militares e profissionais liberais sírios estudaram na Rússia durante o governo de Hafez.

REVOLUÇÃO ISLÂMICA: Em 1979, derrubou o xá Reza Pahlavi, déspota corrupto que governou o país por 38 anos. Pahlavi era financiado pelos Estados Unidos e pelo Reino Unido, que queriam preservar seus interesses na exploração petrolífera no país. Após um movimento crescente de protestos populares pedindo sua saída, Pahlavi deixou o país e o aiatolá Ruhollah Khomeini, francamente hostil ao Ocidente, assumiu e decretou a criação da República Islâmica do Irã.

SALAFISTAS: Os chamados salafistas querem emular os antigos muçulmanos, por meio de uma reforma do islã para eliminar práticas consideradas não islâmicas e anular a influência ocidental. Essa versão radical do islã considera infiéis os xiitas e outros não sunitas, como os alauitas, e prega que sejam mortos.

SINJAR (MASSACRE DE): Série de assassinatos e estupros em massa cometidos pelo EI contra a população de maioria yazidi na cidade de Sinjar, no Curdistão iraquiano, em 2014. Mais de 3 mil mulheres iraquianas, na maioria yazidis, foram raptadas e transformadas em escravas sexuais, esposas ou servas de combatentes do Estado Islâmico. Era como se fosse um mercado: os combatentes escolhiam as mulheres que queriam comprar. As mais jovens e bonitas eram oferecidas aos milicianos estrangeiros. As restantes eram leiloadas entre os locais, e os potenciais compradores pechinchavam e pediam descontos nas mulheres consideradas pouco atraentes ou com seios pequenos. O Estado Islâmico publicou um comunicado justificando o estupro, alegando que escravizar sexualmente mulheres yazidis era legítimo. Nas diretrizes divulgadas pelo Departamento de Pesquisas e Fatwa do EI, a facção afirmava que as mulheres yazidis, ao contrário das judias e das cristãs, seguidoras das chamadas religiões de Abraão, poderiam ser escravizadas. Para as yazidis pagar a *jizya*, a taxa cobrada de cristãos e judeus que querem comprar sua liberdade, era proibido. "Devemos lembrar que escravizar as famílias dos infiéis e tomar suas mulheres como concubinas está firmemente estabelecido na Xaria", dizia o texto. Se a capturada fosse virgem, o soldado "poderia ter relação sexual com ela imediatamente após a captura; se não fosse, o útero precisava ser purificado antes" e era "permitido comprar, vender e dar de presente as capturadas, já que elas eram apenas uma propriedade".

SUNITAS E XIITAS: O rompimento entre muçulmanos sunitas e xiitas remonta ao século VII, a partir de uma divergência sobre a sucessão do profeta Maomé. Segundo o islamismo, no ano de 610, Maomé (ou Muhammad, em árabe) recebeu a visita do anjo Gabriel dentro de uma caverna no monte Hira, na atual Arábia Saudita. O anjo disse a Maomé que Deus o havia escolhido para ser o último profeta enviado à humanidade e mandou que ele recitasse versos enviados por Deus. A partir desses versos teria sido escrito posteriormente o Alcorão, o livro sagrado do islamismo. Depois que Maomé morreu, em 632, houve uma disputa sobre quem deveria passar a liderar a comunidade muçulmana. Para os sunitas, o sucessor do profeta deveria ser escolhido por um *shura*, um conselho consultivo com membros da comunidade muçulmana. Líderes de Medina se reuniram e escolheram Abu Bakr, sogro de Maomé, como próximo califa. Já os xiitas defendiam que o sucessor de Maomé fosse seu parente ou descendente direto. Queriam que o escolhido fosse Ali, primo do profeta casado com sua filha, Fátima. Os alauitas, vertente do xiismo à qual se alinha Bashar al--Assad, significam "seguidores de Ali". No xiismo, os clérigos têm muita autoridade e fazem interpretações e atualizações dos textos islâmicos sagrados. Já os sunitas tendem a ser mais puristas quanto a liturgia e doutrina. No mundo há cerca de 1,6 bilhão de muçulmanos, quase 25% da população total (só o cristianismo tem mais seguidores). Entre os muçulmanos, 85% são sunitas e 15% são xiitas. Em diversos países do mundo — como Iraque, Irã, Bahrein, Iêmen, Arábia Saudita, Síria — sunitas e xiitas estão em conflito. Entre os sunitas, há uma minoria fundamentalista que propõe uma interpretação radical do islã.

SYKES-PICOT (ACORDO DE): Acordo diplomático de 1916 que dividiu o Oriente Médio entre as potências colonialistas, após o fim do Império Otomano na Primeira Guerra Mundial.

XARIA: Código de leis do islamismo.

YAZIDIS: Os yazidis são curdos, mas não são muçulmanos como a maioria da população curda. Eles seguem uma religião que reúne preceitos do zoroastrismo dos persas, do sufismo, ramo místico do islamismo, e do cristianismo. Obedecem a um sistema muito rígido de castas e acreditam em reencarnação. Ao longo dos séculos, os yazidis foram vítimas de várias perseguições. Hoje eles são cerca de 600 mil no mundo, sendo 400 mil no norte do Iraque.

YPG: Sigla para Yekîneyên Parastina Gel, em curdo. Em português, Unidades de Proteção Popular. Milícia do Curdistão sírio. A YPG e a YPJ, divisão composta por combatentes mulheres, têm, combinadas, 40 mil soldados e soldadas. E não dispõem de armamentos sofisticados.

Cronologia

2010

DEZEMBRO: A autoimolação do comerciante ambulante Mohamed Bouazizi desperta uma onda de protestos na Tunísia.

2011

JANEIRO: Pouco após a morte de Bouazizi, em 4 de janeiro, o presidente da Tunísia, Zine el-Abedin ben Ali, deixa o país. Protestos em Omã, Iêmen, Egito, Síria e Marrocos.

FEVEREIRO: Protestos na Líbia contra o regime de Muammar Gaddafi.

MARÇO: Protestos irrompem na cidade de Daraa, na Síria, após a detenção de um grupo de adolescentes acusados de escrever mensagens contra o governo de Bashar al-Assad nas paredes de sua escola. A dura repressão das forças de segurança do governo intensifica as manifestações, que se espalham para cidades como Damasco, Homs e Idlib.

MAIO: Estados Unidos e União Europeia impõem sanções ao governo de Assad em retaliação à repressão aos manifestantes.

JUNHO: Tentativa de assassinato do presidente do Iêmen, Ali Abdullah Saleh.

JULHO: Forças de segurança do regime de Assad matam mais de cem manifestantes em Homs. Criação do Exército Livre da Síria (ELS), formado por oficiais desertores do Exército sírio, e do Conselho Nacional Sírio (CNS), que aglutina a oposição política a Assad. O CNS declara seu objetivo de derrubar o regime de Assad em seis meses.

AGOSTO: O Conselho de Segurança da ONU condena as autoridades sírias por "violações generalizadas dos direitos humanos e o uso de força contra população civil". O presidente dos Estados Unidos Barack Obama exige a renúncia de Assad.

OUTUBRO: Muammar Gaddafi é capturado e morto por rebeldes em Sirte, na Líbia, sua cidade natal.

NOVEMBRO: A Síria é suspensa da Liga Árabe, e o governo da França defende intervenção militar no país, enquanto a Rússia mantém relações com Assad e fornece armas ao Exército sírio. Enfrentamentos como o ataque do ELS à base militar do Exército sírio próxima a Damasco levam a alta comissária das Nações Unidas para Direitos Humanos Navi Pillay a afirmar que o conflito na Síria assumiu características de guerra civil.

2012

JANEIRO: Em pronunciamento, Assad culpa "conspiradores estrangeiros" apoiados pelos Estados árabes pela crise no país e promete "enfrentar os terroristas com punho de ferro". Ayman al-Zawahiri, que após a morte de Osama bin Laden assumira a liderança da Al-Qaeda, anuncia a criação da Frente Al-Nusra e convoca os muçulmanos sunitas a apoiar os rebeldes sírios.

FEVEREIRO: A Assembleia Geral da ONU vota pela renúncia de Assad, mas no Conselho de Segurança a Rússia e a China vetam a resolução. O grupo Amigos da Síria, composto de mais de cem países e organizações, incluindo Estados Unidos, França, Inglaterra, Arábia Saudita e Turquia, proclama como "representante legítimo" da Síria o CNS.

MARÇO: O representante especial das Nações Unidas e da Liga Árabe Kofi Annan propõe plano de cessar-fogo.

ABRIL: Arábia Saudita e Catar anunciam financiamento ao ELS.

MAIO: O massacre na cidade de Houla, no qual 108 pessoas foram executadas sumariamente por forças do regime de Assad, coloca fim ao cessar-fogo.

JUNHO: As Nações Unidas declaram oficialmente que a Síria está em guerra civil. O conflito entre as forças do governo e as da oposição atinge Damasco e Alepo, as duas maiores cidades do país. O Exército sírio derruba um caça turco, que havia supostamente invadido o espaço aéreo sírio. O primeiro-ministro turco Recep Tayyip Erdoğan promete retaliação ao governo de Assad, mas a promessa não se cumpre. No Egito, o ex-presidente Hosni Mubarak é condenado à prisão perpétua; na Tunísia, Ben Ali é condenado à prisão.

JULHO: Ataque de carro-bomba ao quartel-general dos serviços de defesa da Síria em Damasco reivindicado pelo ELS mata quatro membros do alto escalão do governo e do Exército sírio. Forças rebeldes ocupam a metade oeste de Alepo. O ELS assume virtualmente o controle da fronteira da Síria com o Iraque. O Partido da União Democrática (PYD) assume o controle da cidade de Kobane e declara a criação da Federação Democrática do Norte da Síria (Rojava), região curda autônoma. Criação das Unidades de Proteção Popular curdas (YPG).

SETEMBRO: O ELS assume o controle de parte da fronteira da Síria com a Turquia, na região de Raqqa, e transfere seu centro de comando do sul da Turquia para o norte da Síria. A morte de 21 civis no bairro curdo de Alepo após bombardeio das forças do regime de Assad leva as Unidades de Proteção Popular curdas (YPG) a expulsar as forças de segurança do governo sírio da cidade de Kobane. Segundo rumores, o governo estaria armando tribos árabes na região do Curdistão sírio em preparação a um possível enfrentamento com os curdos.

OUTUBRO: Rebeldes assumem o controle da estrada Damasco-Alepo na região de Idlib. Um novo cessar-fogo é negociado pelo mediador da ONU Lakhdar Brahimi mas interrompido sumariamente. A Força Aérea síria intensifica os bombardeios às áreas de Damasco controladas pela oposição. A secretária de Estado dos Estados Unidos Hillary Clinton retira o apoio do país ao CNS, que não mais seria "a liderança visível da oposição".

NOVEMBRO: Criação da Coalizão Nacional Síria da Oposição e das Forças Revolucionárias, que assume o papel de representante legítimo do país frente a Estados Unidos, Turquia, França, Reino Unido e Estados do Golfo Pérsico. A oposição assume o controle de partes estratégicas do norte da Síria e bases das Forças Armadas sírias.

DEZEMBRO: Os Estados Unidos passam a considerar a Frente Al-Nusra uma organização terrorista. A Turquia mantém seu apoio ao grupo.

2013

JANEIRO: A Frente Al-Nusra assume o controle de bases militares e arsenais do Exército sírio.

FEVEREIRO: Soldados do Hezbollah cruzam a fronteira do Líbano para auxiliar o Exército sírio na retomada de cidades do distrito de Al-Qusayr.

MARÇO: Forças rebeldes tomam a cidade de Raqqa e bombardeiam o centro de Damasco. Ataque químico a Khan al-Asal, subúrbio de Alepo, deixa 26 mortos. O governo sírio e as forças de oposição acusam-se mutuamente. Estados Unidos e Reino Unido prometem ajuda não militar às forças de oposição.

ABRIL: Abu Bakr al-Baghdadi, autoproclamado emir da Al-Qaeda no Iraque, reivindica responsabilidade pela criação da Frente Al-Nusra e anuncia a criação do Estado Islâmico do Iraque e da Síria (EI) a partir da fusão, não reconhecida por Ayman al-Zawahiri, das duas organizações.

AGOSTO: Ataque com armas químicas a Ghouta, subúrbio de Damasco, deixa pelo menos 280 mortos. Governo e oposição voltam a se acusar mutuamente.

SETEMBRO: O EI toma a cidade de Azaz, no norte da Síria, antes sob controle do ELS.

OUTUBRO: Combatentes curdos retomam o posto de controle de Yarubiya, uma das principais passagens entre Síria e Iraque, então sob controle da Frente Al-Nusra.

NOVEMBRO: O Exército sírio retoma o controle de cidades, bases militares e aeroportos no entorno de Damasco e de Alepo. A Frente Al-Nusra assume o controle do maior campo de petróleo do país, forçando o governo a depender de importação.

DEZEMBRO: Estados Unidos e Reino Unido, temendo que os suprimentos fornecidos ao ELS caiam nas mãos de milícias islâmicas, suspendem a ajuda material não militar aos rebeldes.

2014

JANEIRO: O combate à expansão territorial do Estado Islâmico se intensifica. O ELS e milícias sunitas expulsam o EI de Alepo e atacam Raqqa, mas o EI assume o controle total da cidade, que se transforma na "capital" do califado na síria. Haji Bakr, o segundo na cadeia de comando do EI, é morto pelas forças rebeldes. A Frente Al-Nusra passa a apoiar as forças rebeldes no combate ao EI. Curdos sírios anunciam a criação de administração autônoma em Kobane.

MARÇO: O Exército israelense bombardeia base do Exército sírio após quatro soldados israelenses serem feridos por bomba enquanto patrulhavam as colinas de Golã.

ABRIL: O ELS retoma a ofensiva contra o EI em Raqqa.

MAIO: Trégua na cidade de Homs.

JUNHO: Governo sírio realiza eleição presidencial nas áreas sob seu controle, cerca de 40% do território do país. Bashar Al-Assad é reeleito com mais de 88% dos votos. Grupo de observadores internacionais, incluindo Brasil e Irã, declara as eleições "livres, justas e legítimas". Países do Golfo Pérsico, da União Europeia e os Estados Unidos consideram a eleição uma "farsa". O EI assume o controle da cidade de Mossul, no Iraque, e se apropria de armas e equipamentos do Exército iraquiano.

JULHO: O Estado Islâmico faz ofensiva contra a cidade de Kobane, no Curdistão sírio (ou Rojava), sob controle da YPG.

AGOSTO: O jornalista americano James Foley é executado pelo EI. Estados Unidos e Reino Unido acusam o governo turco de permitir a passagem de combatentes do EI por seu território. A tensão em torno do tema leva os americanos a apoiar os curdos sírios como forma de deter o avanço do EI na região. O EI toma a base aérea de Tabqa de forças do governo sírio. Os soldados sírios feitos prisioneiros são executados em vídeo veiculado na internet.

SETEMBRO: O EI ocupa cidades no entorno de Kobane. Cerca de 400 mil curdos sírios fogem para a Turquia. O PKK envia quatrocentos combatentes para defender a cidade. Governo da Turquia desloca unidades militares para a fronteira com a Síria, mas proíbe que curdos turcos deixem o país para ajudar na defesa. Em combates intensos com a YPG, o EI avança na direção de Kobane. Estados Unidos bombardeiam posições do EI nos arredores de Raqqa e Kobane e passam a fornecer armas e equipamentos bélicos ao ELS. O jornalista americano-israelense Steven Sotloff é executado pelo EI.

OUTUBRO: O EI mantém Kobane sitiada e sob intenso bombardeio, avançando para o perímetro urbano. A YPG não detém a entrada dos soldados do EI, mas impede que os islamistas assumam o controle da cidade. Batalha pela colina de Tel Shair é crucial para o destino da cidade, e após ofensiva do EI a YPG retoma o controle da posição.

NOVEMBRO: O governo turco autoriza a passagem de soldados das forças curdas iraquianas (os *peshmerga*) por seu território para ajudar na defesa de Kobane. Forças da coalizão liderada pelos Estados Unidos bombardeiam Raqqa.

DEZEMBRO: Kobane continua sitiada pelas forças do Estado Islâmico.

2015

JANEIRO: Após intensos bombardeios da coalizão liderada pelos Estados Unidos, os combatentes curdos expulsam o EI de Kobane. Os quatro meses de batalha pela cidade deixam pelo menos 3 mil mortos.

MAIO: O EI assume o controle da cidade histórica de Palmira, onde realiza uma série de execuções em massa.

JUNHO: O avanço do EI no oeste da Síria ameaça a fronteira com o Líbano. Novo ataque do EI a Kobane resulta no segundo maior massacre desde a proclamação do califado em junho de 2014, deixando mais de duzentos civis e cem combatentes mortos em ambos os lados.

JULHO: Os Estados Unidos acusam o governo turco de manter contatos de alto nível com o Estado Islâmico.

SETEMBRO: A pedido de Assad, a Rússia passa a realizar bombardeios contra posições do EI e do ELS. Os Estados Unidos acusam a Rússia de "jogar gasolina na fogueira" do conflito sírio e decidem voltar a fornecer ajuda militar aos curdos e à oposição síria a Assad, transformando o conflito sírio em uma "guerra por procuração" entre Rússia e Estados Unidos. A Força Aérea Australiana passa a colaborar com a coalizão contra o EI.

OUTUBRO: Os Estados Unidos cancelam programa do Pentágono para treinar e equipar grupos "moderados" para combater o EI, mantendo apenas as operações secretas de apoio aos grupos rebeldes já estabelecidos, conduzidas pela CIA. Criação das Forças Democráticas Sírias (FDS), milícia multiétnica e multirreligiosa de combate ao EI liderada pela YPG. Negociação de paz em Viena entre Estados Unidos, Arábia Saudita, Rússia e Irã termina sem consenso a respeito do futuro de Assad.

NOVEMBRO: Ataque terrorista em Paris, cuja responsabilidade é reivindicada pelo EI, deixa 130 mortos. O governo francês decide intensificar seus bombardeios ao EI na Síria. Em reunião com delegação francesa, Assad afirma que os ataques de Paris são resultado do apoio francês aos rebeldes. Turquia derruba caça russo que invadira seu espaço aéreo, e Putin acusa a Turquia de "cumplicidade com terroristas".

DEZEMBRO: O Parlamento do Reino Unido aprova a expansão das operações britânicas na Síria. Rússia mobiliza tropas em solo sírio.

2016

JANEIRO: Com apoio russo, o Exército sírio retoma o controle de diversas cidades estratégicas.

FEVEREIRO: O Conselho de Segurança da ONU aprova resolução que prevê o fim das hostilidades na Síria. O cessar-fogo não inclui ataques a grupos considerados terroristas.

MARÇO: Com apoio militar da Rússia e do Irã, as forças do governo sírio retomam a cidade de Palmira. Putin anuncia a retirada das tropas russas da Síria declarando que os objetivos da intervenção haviam sido atingidos.

JULHO: O cessar-fogo assinado em fevereiro é considerado um fracasso, e o conflito continua.

AGOSTO: As FDS tomam posições importantes do EI e do governo sírio no norte do país. As Forças Armadas turcas cruzam a fronteira com o objetivo de expulsar o EI do norte da Síria e impedir o controle da região pelos curdos, e ocupam a região. O governo sírio protesta contra a violação de sua soberania territorial. O Exército turco e forças curdas se enfrentam brevemente.

SETEMBRO: Novo acordo de cessar-fogo mediado por Estados Unidos e Rússia entra em vigor mas colapsa após violações de ambos os lados.

OUTUBRO: Nova ofensiva da coalizão liderada pelos Estados Unidos para tomar Raqqa do EI.

DEZEMBRO: O Exército sírio negocia a evacuação de rebeldes de Alepo. Em ataque surpresa, o EI retoma Palmira das forças do governo sírio.

2017

JANEIRO: Novas negociações de paz são interrompidas.

MARÇO: O Exército sírio retoma Palmyra do EI.

ABRIL: O Exército sírio declara ter expulsado as forças rebeldes de Damasco e retomado o controle da cidade.

MAIO: Em negociações de paz, Turquia e Rússia defendem a criação de "zonas de segurança" na Síria. As forças rebeldes sírias e as milícias curdas não dão aval à proposta. Os Estados Unidos aprovam novo programa de apoio militar aos curdos na Síria. O Exército sírio retoma o controle da estrada Damasco-Palmira, então sob controle do EI.

JUNHO: O Observatório Sírio para os Direitos Humanos afirma que o EI se retirou da província de Alepo.

JULHO: O EI perde parte substantiva do território que controlara ao longo dos quatro anos desde sua criação.

AGOSTO: Após acordo de rendição, combatentes do EI são transportados de ônibus da fronteira da Síria com o Líbano para território controlado pelo grupo. O comboio é encurralado a meio caminho por bombardeios americanos. Erdoğan anuncia que pode restabelecer as relações com Assad e fazer um acordo de cooperação militar com o governo iraniano com o objetivo de combater o PKK na fronteira entre Turquia, Síria e Iraque.

Créditos das imagens

CADERNO DE IMAGENS

1, 2, 3, 4 e 5: Raushan Khalil
6, 7, 8, 9 e 13: Fabio Braga/ Folhapress
10 e 11: DR
12: Öcalan Iso

Índice remissivo

11 de setembro de 2001, ataques de, 78

abaya (túnica islâmica feminina), 39
Abdo, Meysa, 132
Abdullah Öcalan (fundador e líder do PKK) *ver* Öcalan (irmão de Barzan)
Abdullah, Asya, 136-7
Abraão, religiões de, 89, 170
Abu Bakr (fundador do Estado Islâmico) *ver* Baghdadi, Abu Bakr al-
Abu Bakr, primeiro califa (sogro de Maomé), 79, 171
Adnani, Abu Mohammad al-, 80, 93
adultério punido pelo EI, 83
Afeganistão, 27, 29, 96, 110
Aflaq, Michel, 163
África, 39; Norte da, 15, 167
Afrin (Síria), 38, 41-2, 50, 64, 68-9, 73, 75-6, 114, 144, 147-9, 152-3
Ahmed, Rashid Chalabi, 37
AK-47 (fuzis Kalashnikov), 13, 27, 39, 75, 99, 122
AKP (Partido Justiça e Desenvolvimento da Turquia), 103, 108, 162
Aktay, Yasin, 103, 108
Alá (divindade islâmica), 10, 18, 80, 90
alauitas, 18-9, 23, 60, 81, 91, 167, 169, 171
Alcorão, 80-1, 83, 90, 167-8, 171
Alemanha, 51, 109, 139-40, 165, 168
Alepo (Síria), 28, 38-9, 41-2, 44, 54, 56, 144, 147-50, 175-7, 181
Alepo, Universidade de, 38
Al-Hasakah (Síria), 36, 50, 53, 55, 61
Ali (primo do profeta Maomé), 171
Alim, Khabat, 128
Alnazi, Hala, 38, 150
Al-Nusra, Frente (facção ligada à Al-Qaeda), 64, 68, 74, 76, 92, 112, 147, 174, 176-7
Al-Omar, campo de (Síria), 94

Alpay, Şahin, 33
Al-Qaeda, 24, 28, 64, 68, 74, 78-9, 81, 93, 96, 144, 147-8, 162, 174, 176
Al-Qamishli (Síria), 42, 59, 61, 75
Al-Qusayr (Síria), 176
América Latina, 39
Amude (Síria), 37, 135
Ancara, 103, 119, 150
Anfal, Operação (Iraque), 57, 162
Anistia Internacional, 59, 128
Ano-Novo curdo *ver* Nowruz
Antar, Asia Ramazan, 131
árabes, 20-1, 42, 47, 50-1, 53-6, 59-60, 80, 84, 87, 99, 127-30, 152, 163, 165, 167, 174, 176
Arábia Saudita, 17, 24, 51, 83, 92, 165, 170, 175, 180
arabização da Síria, 42, 53, 128, 162-3
Arafat, Yasser, 99
Arbil (Iraque), 32-4
Ari (irmão de Raushan), 40
Arin Mirkan (mulher-bomba curda), 105-6
armas químicas, 42-3, 57, 106, 162, 167, 176-7; *ver também* gás cloro; gás sarin
Armênia, 52, 165
Asayish jin (polícia feminina curda), 133, 136
Ásia, 33
Assad, Asma al-, 21-3
Assad, Bashar al-, 15, 17, 19-25, 31-2, 36, 38-41, 43-5, 47-8, 57-62, 64, 66, 68, 71, 77, 81-2, 91-3, 101, 106, 108-9, 111-2, 114, 130, 144-5, 147-50, 153-5, 161-2, 164, 166, 171, 173-5, 178-81
Assad, Basil al-, 20
Assad, Hafez al-, 18-9, 24, 58-9, 128, 163, 169

Associated Press, 139
Atatürk, Mustafa Kemal, 52, 82, 166
Attiyah, Khalid bin Mohammad al-, 24
Avibras (indústria bélica brasileira), 57
Ayn al-Arab *ver* Kobane
Azaz (Síria), 149, 153, 177

Baath (partido político pan-arabista da Síria), 18-9, 53, 82, 163, 167
Baba Amr (Homs), 22
Baba Sheikh (líder religioso dos yazidi), 87
Bagdá, 79-80
Baghdadi, Abu Bakr al-, 79-84, 176
Bahrein, 171
Baidar, Yavuz, 32
Bakr, Haji, 80, 177
bandeira negra do EI, 10, 82, 116, 155
Bangura, Zainab, 87
barbear-se, EI e proibição de, 129
Barzan (sírio, marido de Raushan), 9-14, 26-7, 32, 34-8, 41-5, 47-8, 50, 56, 58, 60-1, 67-74, 76, 92, 97-8, 100-4, 107, 112-4, 117, 119-21, 123-5, 130, 139, 142, 147, 149-51
Basmane (İzmir), 30
BBC (rede de televisão britânica), 102-4
beduínos árabes, 54
Beeline (empresa de telefonia russa), 41
Bélgica, 62, 151-2
Ben Ali, Leila, 16
Ben Ali, Zine el-Abedin, 16-7, 173, 175
berdel (tradição curda de troca de noivas), 132
Biden, Joe, 25
Bin Laden, Osama, 74, 78-9, 162, 174

Bitar, Salah ad-Din al-, 163
Bodrum (Turquia), 31, 139-40
bombardeios aéreos, 92, 108-10, 116, 118, 155
Bookchin, Murray, 62
Bósforo, estreito de, 33
Bósnia, 87
Bouazizi, Mohamed, 15-6, 173
Bourguiba, Habib, 16
Brasil, 29, 32, 57, 69, 178
Brookings Institution, 95
Bulgária, 142
Bush, George W., 59, 110

caças norte-americanos, 108, 112, 114
Cairo, 17
califa, 79, 81, 84, 164, 171
califado, 79, 82, 96, 116, 177, 179
Camp Bucca, prisão de (Iraque), 80-1
Canadá, 140, 168
Cantlie, John, 115-6
capitalismo global, 118
carros-bomba, 35, 76, 91, 100, 102, 105, 114, 123, 126, 141, 175
Catar, 24, 92, 175
cemedani (lenço curdo masculino), 99
Cemitério dos Mártires (Kobane), 141
censo de 1962 (Síria), 54, 164
China, 94, 174
Chomsky, Noam, 110
CIA (Central Intelligence Agency), 179
Clinton, Bill, 111
CNS (Conselho Nacional Sírio), 174-6
Coalizão Nacional Síria da Oposição e das Forças Revolucionárias, 176
Cockburn, Patrick, 91
Colvin, Marie, 22
Congo, 87
Constituição de Rojava, 133

Convenção para Prevenção e Repressão de Genocídio da ONU, 91
cores tradicionais do Curdistão, 99
crianças-soldados, 75, 88
cristãs, EI e mulheres, 89, 170
cristianismo/cristãos, 18, 51, 84-5, 89, 95, 128, 163, 170-1
crowdfunding para o EI, 96
Cruz Vermelha, 85
Curdistão, 49, 52, 57, 99, 131-2, 162, 165, 168-9; iraquiano, 31-3, 57-9, 115, 144-5, 170; sírio, 10, 172, 176, 178; *ver também* Rojava
curdos, 12-4, 18, 25, 34-7, 41-4, 47-64, 66, 68, 70, 72-5, 77, 84-5, 92-3, 99-100, 102-3, 105-6, 108-12, 115, 117, 122, 127-30, 132, 143-6, 148-50, 152-5, 162-5, 167-9, 171, 176-81

Dabiq (revista do EI em inglês), 116
Daesh, 11, 36, 101-8, 111-5, 117, 122-30, 132, 135, 143, 145, 166; *ver também* Estado Islâmico (EI)
Dallas, 78
Damasco (Síria), 19, 21-3, 31, 41, 45, 48, 55-7, 59-60, 139, 154, 162, 173-7, 181
Daraa (Síria), 21-2, 59, 173
decapitações pelo EI, 10-1, 28, 65, 82-3, 105, 116, 129, 143
Departamento de Pesquisas e Fatwa do EI, 89, 170
Derik (Síria), 26, 34, 119, 124, 133, 149
diesel, óleo, 13, 36, 56, 94, 104
direitos humanos, 42-3, 55, 125, 127, 174
Dirik, Dilar, 118, 134, 155
Diyarbakır (Turquia), 73
Dohuk (Iraque), 85

drusos, 18
DShK (metralhadoras), 13, 75, 114
Dubai, 33
dulab (tipo de tortura), 46

Ebola, epidemia de, 27
Éfeso (Grécia), 29
Egito, 17, 163, 167, 173, 175
El Materi, Mohammed Sakher, 16-7
El Materi, Nesrine ben Ali, 16
Elena (mãe de Raushan), 39, 72, 147
ELS (Exército Livre da Síria), 56, 64, 111-2, 115, 117, 147, 149, 166, 174-5, 177-9
emancipação feminina, 131-7
Engesa (indústria bélica brasileira), 57
Erdoğan, Recep Tayyip, 32-3, 103, 108, 115, 142, 144, 148, 153, 162, 175
escravas sexuais do EI, 74, 86, 89-91, 170
Espanha, 66
Estado Islâmico (EI), 9, 28, 36-7, 68, 74-87, 89, 91-4, 96-8, 100, 103, 105-7, 109-12, 114-9, 121-5, 127-31, 134-5, 138, 140-1, 143-4, 146-8, 151, 153-5, 166, 170, 176-9; *ver também* Daesh
Estados Unidos, 20, 24-5, 28, 31, 39, 57-8, 78, 82, 89, 92-4, 106-8, 110-1, 115, 119, 149, 151, 153-4, 168-9, 173-81
estupros, 27, 86-7, 89, 105, 132-3, 135, 170
Eufrates, rio, 145, 153
Europa, 20, 29-30, 33, 35, 41, 93, 123, 141-2, 146; *ver também* União Europeia
Exército iraquiano, 64-5, 119, 178

Exército Livre da Síria *ver* ELS
Exército sírio, 45, 47, 61, 174-7

Facebook, 67, 70, 72, 74, 121
Farouk (primo de Idris Nassan), 127
fascistas, 66
Fátima (filha do profeta Maomé), 171
Fatma (avó de Alan Kurdi), 138, 140
Faysh Khabur (Iraque), 34-5
FDS (Forças Democráticas Sírias), 153, 179-80
feminismo, 131-7
fixers (assessores de jornalistas), 27-8, 32, 73, 150
Foley, James, 115-6, 178
França, 20, 51, 96, 151, 157*n*, 165, 168, 174-6
franceses, 18, 51, 54, 60, 93-4, 96, 165; *ver também* protetorado francês na Síria (anos 1920)
fuzis, 13, 27, 34, 39, 65, 75, 106, 114, 149

Gabriel, anjo, 170
Gaddafi, Muammar, 17, 173-4
gás cloro, 106; gás sarin, 42-3, 57, 162, 167; *ver também* armas químicas
genocídios, 57, 91, 111, 162
Ghouta (subúrbio de Damasco), 43, 57, 162, 177
Godec, Robert, 16
Golã, colinas de (Israel-Síria), 177
Golfo Pérsico, 176, 178
Grã-Bretanha, 51, 165, 175
Graeber, David, 66
granadas, 13, 19, 75, 105, 123
Grécia, 28-30, 139-40, 142
Guardian, The (jornal), 23, 65, 106
Guerra Civil Espanhola (1936-9), 66

Guerra Fria, 20, 24, 169
Guerra Irã-Iraque (1980-8), 57

H&M (rede de lojas), 131
Hadyia (moça yazidi), 86-7
Halabja, massacre de (Iraque, 1988), 42, 167
Hama (Síria), 18-9, 22
Hamed, Masud, 55
Hammu, Muhammad, 54
Hanaa (moça yazidi), 85-7
Handicap International, 143
Harkin, James, 47
Harvard, Universidade, 25, 32, 121
Hassan, Berivan, 125-6, 132, 142
Hekimoğlu, Hotel (İzmir), 30
Hekmat (pai de Raushan), 39-40, 147-8, 151
Hezbollah (guerrilha xiita libanesa), 24, 92, 176
hijab (véu muçulmano), 35
Hilal, Muhammad Talab, 52-3
Hira, monte (Arábia Saudita), 170
homens-bomba, 13, 105, 128
homossexuais perseguidos pelo EI, 83
Homs (Síria), 18, 22, 173-4, 177
Horan, Bahoz, 13
Houla (Síria), 175
Hull, Cordell, 20
Human Rights Watch, 46
Humvees (caminhões militares americanos), 65, 75, 106
Hunting Season (Harkin), 47
Hussein, Saddam, 42, 56-9, 80, 91, 106, 162-3, 167

Ibn Taymiyyah, 81
Ibrahim (irmão de Barzan), 44-7, 54, 112-4, 123-4, 130
Idlib (Síria), 18, 173, 176

Iêmen, 171, 173-4
igualdade de gêneros na Constituição de Rojava, 133
Império Austro-Húngaro, 51, 165
Império Otomano, 51-2, 82, 157*n*, 165, 171
impostos (ou extorsão) cobrados pelo EI, 84, 95
Independent, The (jornal), 91
Índia, 27
"infiéis", 64, 81-2, 85, 88, 90, 93, 167, 169-70
Inglaterra *ver* Grã-Bretanha
internet, 10, 21, 37, 55, 68-9, 71, 93, 122, 132, 178
Irã, 18, 20, 24, 51, 56, 92, 147, 154, 162, 165, 169, 171, 178, 180
Iraque, 26-7, 29, 32-4, 37, 42, 51, 56-9, 64, 74, 79-85, 91-2, 95-7, 106, 110, 117-9, 121, 149, 151, 162-3, 165, 167, 171-2, 175-8, 181
Irmandade Muçulmana, 19, 167
islã, 18, 51, 79-83, 85, 88, 92-3, 164, 167-71; *ver também* alauitas; salafistas; sufismo; sunitas; xiitas
Israel, 51, 165, 177
Issawi, Rafi al-, 91
Istambul, 32-3, 43, 47-8, 58, 67, 70-2, 140
Itália, 109
İzmir (Turquia), 29, 31, 140

Jazira (Síria), 42, 53, 152
jihad, 81, 167
jihadistas, 24, 64-5, 80, 87, 116, 162, 167-8
jizya (taxa cobrada de cristãos e judeus pelo EI), 89, 95, 170
Jordânia, 45, 51, 95, 165

189

jornalistas, 12, 27-8, 31-3, 37, 47, 67, 73, 91, 102, 107, 110, 116-7, 139, 150, 164, 178
judeus, 89, 165, 170
judias, EI e mulheres, 89, 170
Juma, Abu, 129

kaffir (infiéis), 64
Kalashnikov (fuzis) *ver* AK-47
Kalashnikov, Mikhail, 75
Katyusha (míssil), 114
Kawa (personagem mitológico curdo), 49, 168
keffiyeh (lenço árabe masculino), 99
Kennedy, John F., 78
Khamis, Deilar Kanj (Arin Mirkan), 105-6
Khan al-Asal (Alepo), 176
Khasman, Khalil, 129
Khomeini, Ruhollah, aiatolá, 169
Kobane (Síria), 9-14, 32, 35, 37, 41-2, 44-6, 48, 50, 54, 56, 60-1, 64-5, 68-9, 73-4, 76, 97-100, 102-12, 115-27, 130, 134-5, 138-47, 149, 152-3, 155, 175, 177-9
Kocho (Iraque), 86, 89
Kongreya Star (organização feminista de Rojava), 135
KRG (Kurdistan Regional Government), 31-2, 57, 144
Kurdi, Abdullah, 138-41
Kurdi, Alan, 28, 31, 35, 37, 138-41
Kurdi, família, 140
Kurdi, Galib, 28, 139-41
Kurdi, Malik el- (coronel), 111-2
Kurdi, Rehan, 28, 139-41
kurmanji (idioma curdo), 32, 50, 54-5, 62-3, 69-70, 129, 145, 150, 167

Latakia (Síria), 18, 40-1

Lausanne, Tratado de (1923), 52, 166
Leões de Rojava (grupo combatente), 110
Líbano, 51, 157*n*, 165, 176, 179, 181
Líbia, 17, 28, 173-4
Liga Árabe, 42-3, 167, 174-5
limpeza étnica, 64, 91, 127
língua curda *ver* kurmanji
Lister, Charles, 95
Ló (Lut, em árabe; personagem bíblico), 83, 168
Londres, 20, 109

M-1 Abrams (tanques blindados), 106
M16 (fuzis), 65, 106
Madame (revista alemã), 131
Madri, ataques em (2004), 78
Mahmoud, Saad Abbas, 80
Majid, Ali Hassan al- (Ali Químico), 57, 162
Makarov (pistola), 39
Mala Jinan (casas de mulheres em Rojava), 133-4
Maliki, Nouri al-, 91-2
Manbij (Síria), 56, 148, 153
Maomé, profeta, 10, 79-81, 85, 164, 170-1
Marea (Síria), 153
Mármara, mar de, 72, 161
Marrocos, 173
McCain, John, 119-20
Meca (Arábia Saudita), 81, 164
Médicos sem Fronteiras (ONG), 85
Medina (Arábia Saudita), 171
Mediterrâneo, mar, 24, 40, 169
Mesopotâmia, 155
mesquitas, 30, 79-80, 83, 107, 128
metralhadoras, 13, 39, 75, 85, 100, 114, 119, 123, 125

Middle East Media Research Institute, 90
minas terrestres, 75, 143
mísseis, 65, 102, 107
Mistura, Staffan de, 11
Mohammed (motorista), 34
Moscou, 39-40, 70-1
Mossul (Iraque), 34, 64-5, 84-7, 95, 118, 151, 178
Moubayed, Sami, 92
MTS (empresa de telefonia russa), 41
Mubarak, Hosni, 17, 175
muçulmanos, 11, 18, 24, 79-81, 85-6, 93, 95-6, 169-71, 174; *ver também* islã
mujahidins (combatentes islâmicos), 115-6, 168
Mukhabarat (polícia secreta síria), 44-5, 50, 168
Muslim, Salih, 60, 64, 158*n*

Nações Unidas *ver* ONU (Organização das Nações Unidas)
Nairobi, 161
Najeeb, Atef, 22
Nassan, Idris, 117, 126, 145-6
Nasser, Gamal Abdel, 163
New York Times, The, 109
Nicarágua, 20
niqab (véu islâmico de rosto), 39, 74, 135, 168
Norte da África, 15, 167
Nova York, ataques em (11 de setembro de 2001), 78
Nowruz (Ano-Novo curdo), 49-50, 168

Obama, Barack, 89, 110-2, 119, 174
Observatório Sírio para os Direitos Humanos, 181

Öcalan (irmão de Barzan), 10-4, 44-5, 50, 58, 60-2, 64, 76, 100-1, 112, 114-5, 117, 123-5, 134-5, 143, 161-2, 169
Ocidente, 20, 64, 66, 131-2, 162, 169
Omã, 173
Omar, Walat, 106
ONU (Organização das Nações Unidas), 11, 24, 87, 91, 174-6, 180
Orient TV (canal sírio), 68
Oriente Médio, 15, 21, 33, 39, 51-2, 60, 79, 82, 91, 106, 110, 134-5, 151, 155, 157*n*, 163, 165, 167, 171
Otan (Organização do Tratado do Atlântico Norte), 17, 58, 108, 154, 168
otomanos *ver* Império Otomano

Pahlavi, Reza, xá, 20, 169
palestina, independência, 99
"Palestina", prisão (Síria), 45-7
Palmira (Síria), 19, 88, 179-81
Paris, ataque terrorista em (2015), 180
Partido Republicano (EUA), 119
Passat (carro brasileiro), 57
Pérez Esquivel, Adolfo, 110
persas, 51, 85, 165, 171
peshmergas (soldados curdos), 34, 115, 117, 169, 179
petróleo, 33, 36, 56, 60, 93-6, 151, 177
Pillay, Navi, 174
PKK (Partido dos Trabalhadores Curdos), 31, 57-8, 62, 100, 103, 108, 116-7, 131, 134, 136, 144-5, 148, 153, 161-2, 169, 178, 181
Poincaré, Raymond, 165
poligamia, 133
"Por que Kobane não caiu" (Dirik), 118
Portugal, 69

Primavera Árabe (2011), 15, 22, 24-5, 47
Primeira Guerra Mundial, 51-2, 82, 157n, 165, 171
protetorado francês na Síria (anos 1920), 18, 50, 52, 54, 165
Putin, Vladimir, 180
PYD (Partido Curdo da União Democrática), 60, 62-4, 108, 134, 137, 144, 154, 158n, 169, 175

Quênia, 161
Quraysh, clã, 81, 164

Rajiha, Dawoud, 48
Ramos-Horta, José, 110
Raqqa (Síria), 61, 82, 86, 88, 95, 116, 128-9, 144, 151, 154, 175-9, 181
Raushan (síria, mulher de Barzan), 9-14, 27, 35-42, 67-74, 76, 92, 98, 100-5, 112-5, 119-20, 124-5, 132, 136, 139, 142, 144, 147-51, 153
refugiados, 10-2, 27, 29-32, 85-6, 117, 140-2
Reino Unido, 20, 28, 169, 176-8, 180; *ver também* Grã-Bretanha
República Árabe Unida (Egito-Síria, 1958-61), 163
República Centro-Africana, 87
Reuters (agência de notícias), 102
Revolução de Rojava (2012), 48, 61, 64, 77
Revolução Islâmica (Irã, 1979), 20, 169
Rocha, Bruno Lima, 63
Rojava (Curdistão sírio), 42, 44, 47-8, 61-4, 66, 69-70, 72, 77, 109-10, 115, 117-9, 121, 123, 127, 129, 132-6, 144-7, 150, 152, 154-5, 175, 178

Roosevelt, Franklin Delano, 20
Rougash (irmão de Raushan), 40
Ruanda, genocídio em (1994), 111
Rússia, 12, 24, 38-40, 67, 69, 92, 114, 147-8, 150, 154, 169, 174, 179-81; *ver também* União Soviética
Rybinsk (Rússia), 40, 67, 71-2

Saddiq (irmão de Barzan), 44
Saida (mãe de Barzan), 45, 123-5, 130
Salaf (os primeiros muçulmanos), 81
salafistas, 81-2, 169
Saleh, Ali Abdullah, 174
Samarra (Iraque), 80
Samarrai, Ibrahim Awwad Ibrahim Ali al-Badri al- *ver* Baghdadi, Abu Bakr al-
Sanaa (moça yazidi), 85-7, 89
São Paulo, 33
Segurança Nacional, departamento de (Damasco), 48
Serra Leoa, 27, 87
Serviço de Ação de Minas das Nações Unidas (UNMAS), 143-4
serviço militar sírio, 40, 44, 150
Sèvres, Tratado de (1920), 52, 165-6
shabeh (tipo de tortura), 46
Sharif, Kazhal, 86
Sheikh, Muhamed, 76
Shexo (avô de Alan Kurdi), 138-41
Shireen (irmã de Barzan), 41, 121-2, 124-5, 132
Sidi Bouzid (Tunísia), 15
Sidi, Wahid, 30
Simon, Roberto, 32
Sindi, Safeen, 32, 34
Sinjar (Iraque), 74, 85-6, 91, 135, 145; massacre de (2014), 88-9, 97, 170
Sirte (Líbia), 17, 174
Skype, 69-71, 73, 96

Sodoma e Gomorra (localidades bíblicas), 83, 168
soldadas, 36, 99, 104-5, 122, 126, 131-2, 134-6, 150, 172
Somália, 87
Somoza, Anastasio, 20
Sotloff, Steven, 28, 178
Sudão do Sul, 87
Suécia, 109
sufismo, 85, 171
Sunday Times (jornal), 22
sunitas, 18-9, 23-4, 39, 50-1, 60, 81-4, 91-2, 96, 127-8, 162-4, 169-71, 174, 177
Suruç (Turquia), 9, 102, 107-9, 115
Sykes-Picot, Acordo de (França-Grã--Bretanha, 1916), 51, 79, 155, 165, 171

Tabqa, base aérea de (Síria), 178
Tahrir, praça (Cairo), 17
tajwid (regras de pronúncia corânica), 80
tanques de guerra, 65, 75, 146, 153
Tartus (Síria), 24, 40, 169
Tel Shair, colina de (Kobane), 178
Tell Abyad (Síria), 76, 127-30, 135
Tell Rifaat (Síria), 153
Tesouro dos Estados Unidos, 93
Tigre, rio, 26, 34
Time (revista), 28
Toporina, Lidia Vasilievna, 12, 40, 69-70
Trafalgar Square (Londres), 109
tráfico de drogas, 96
Túnis, 17
Tunísia, 15, 17, 173, 175
Turquia, 9-12, 24, 27, 29, 31-3, 37, 41, 43, 51-3, 57-8, 64, 67, 69, 73-6, 92-4, 100, 103-4, 107-9, 112-7, 119, 121-2, 139-42, 144, 147, 149-54, 161, 163, 165, 169, 175-6, 178, 180-1
Tutu, Desmond, 110
Twitter, 17, 96, 105, 109, 154

Ucrânia, 37
União Europeia, 31, 58, 93, 141, 173, 178; *ver também* Europa
União Soviética, 24, 71, 163, 169; *ver também* Rússia
Unicef (Fundo das Nações Unidas para a Infância), 55
Unisinos (Universidade do Vale do Rio dos Sinos), 63

Van Damme, Jean-Claude, 87
Viber, 69-71
Vietnã, 119
violência sexual em conflitos, 27, 87; *ver também* escravas sexuais do EI; estupros
Virgem Maria, 29
Vogue (revista), 21

Washington Post, The, 80
Washington, DC, 154
WikiLeaks, 16

Xaria (código de leis islâmicas), 23, 79, 83, 85, 90, 170-1
Xaria, campo de (Iraque), 85
xiitas, 18, 24, 81, 84, 91-2, 167, 169-71

yazidis (minoria religiosa curda), 51, 84-9, 91, 135, 170-2
Yıldırım, Binali, 153
YouTube, 84, 116
YPG (Unidades de Proteção Popular do Curdistão sírio), 10-3, 32, 35-7, 60-2, 76, 89, 92, 99-102, 105, 107,

112-3, 115-7, 119, 123-4, 126-9, 143, 145, 148-9, 153-4, 172, 175, 178, 180
YPJ (divisão feminina do YPG), 62, 89, 99, 102, 104, 107, 117, 122, 126, 131-2, 134-6, 150, 172

zakat (dízimo agrícola cobrado pelo EI), 95
Zarqawi, Abu Musab al-, 80
Zawahiri, Ayman al-, 174, 177
zoroastrismo, 51, 85, 171
Zuhak (rei mitológico curdo), 49, 168

ESTA OBRA FOI COMPOSTA POR ACOMTE EM MINION E IMPRESSA PELA LIS GRÁFICA
EM OFSETE SOBRE PAPEL PÓLEN SOFT DA SUZANO PAPEL E CELULOSE PARA A
EDITORA SCHWARCZ EM NOVEMBRO DE 2017

A marca FSC® é a garantia de que a madeira utilizada na fabricação do papel deste livro provém de florestas que foram gerenciadas de maneira ambientalmente correta, socialmente justa e economicamente viável, além de outras fontes de origem controlada.